„Golf is the hardest game in the world to play and the easiest to cheat at.“

Dave Hill

Verlag: Edition Art, Design & Golf
Artigo GmbH
Im Leisibühl 47
CH-8044 Zürich
Telefon: +41-79-400 97 43
Telefax: +41-86079-400 97 43
E-Mail: info@golfregeln.ch
www.golfregeln.ch

Text: Yves Cédric Ton-That, CH-8126 Zumikon

Illustrationen: Roland Hausheer, CH-8049 Zürich
Yves Cédric Ton-That, CH-8126 Zumikon

Umschlag/Layout: Arts & Media, CH-8049 Zürich

Foto: Katharina Lütscher, CH-8005 Zürich
Tom Haller, CH-8008 Zürich

Herausgegeben 2002

ISBN 3-9521596-6-2

Yves Cédric Ton-That

Fore oder was...?

Amüsante Geschichten zu den Golfregeln – Band II

1. Auflage

Autor

Yves Cédric Ton-That (geb. 20.12.1972) ist Experte auf dem Gebiet von Regeln und Etikette. Der Jurist und Spitzenamateur leitet seit vielen Jahren entsprechende Kurse und ist offizieller Schiedsrichter des Schweizerischen Golfverbands (ASG). Er hat mehrere Bücher zum Thema Golf geschrieben, davon zwei Bestseller über die Regeln. Als Redaktionsmitglied diverser europäischer Golfmagazine hat er zudem unzählige Artikel verfasst. Er lebt und arbeitet in Zürich.

Vorwort

Liebe Leserin, lieber Leser

Golf, so heißt es, sei die einzige Sportart, bei der genaue Regelkenntnis einem den Vorwurf der Unsportlichkeit einbringen könne. Da ist wohl etwas Wahres dran. Doch durch Ignoranz der Regeln schafft man sich noch weniger Freunde.
Das Beherrschen der Regeln ermöglicht es nämlich, unnötige Auseinandersetzungen zu vermeiden, und das führt zu einem entspannteren Spiel – mit entsprechend tieferen Scores. Hinzu kommt, dass sich mit dem Wissen um die zahlreichen in den Regeln enthaltenen Erleichterungsverfahren immer wieder ein Vorteil für das eigene Spiel ableiten lässt.
Alles zu wissen ist unmöglich, denn die Regeln des Golfspiels sind schier unerschöpflich. Deshalb sind in den nachfolgenden Schilderungen lediglich die wichtigsten Regeln aufgezeichnet. So hoffe ich, Ihnen mit diesem zweiten Band meiner Regelstories wiederum eine Möglichkeit an die Hand zu geben, um die wesentlichen Regelkenntnisse auf amüsante Weise aufzufrischen.

Viel Spaß beim Lesen

Yves Cédric Ton-That

Literatur

Das vorliegende Buch stützt sich auf die beiden nachfolgenden Werke:

„Offizielle Golfregeln 2000-2003"
Herausgegeben vom Deutschen Golf Verband e.V. als vom Royal and Ancient Golf Club of St. Andrews lizenzierte Übersetzung.

„Decisions – Entscheidungen zu den Golfregeln 2000-2001"
Herausgegeben vom Deutschen Golf Verband e.V. als vom Royal and Ancient Golf Club of St. Andrews lizenzierte Übersetzung.

Inhalt

Fore oder was...?

Ich habe einen Nachbarn, der heißt Jens. Jens ist ein lieber Kerl, er hat eine hübsche junge Frau und er spielt Golf. Manchmal sogar mit mir. So geschehen vor kurzem: Er hatte von seiner Versicherung eine Einladung für ein Pro-Am erhalten, und da es sich um einen Vierer handelte, durfte er noch einen Gast mitbringen. Er entschied sich freundlicherweise für mich. Der dritte Amateur, so ließ er mich wissen, werde sein Kundenberater von der besagten Versicherung sein. Na gut.
Als wir auf der Anlage eintrafen, begrüßte uns der besagte Berater stürmisch und berichtete aufgeregt, dass er bereits zwei Stunden auf der Driving Range geübt habe – er schien ein ganz begieriger Golfer zu sein. Dann machte er uns mit unserem Pro bekannt: John Mac-Irgendwas, ein in die Jahre gekommener Schotte. Der schien so weit ganz nett und bemühte sich ebenfalls Konversation zu machen, wobei ich aber seinen Hochland-Dialekt nicht einmal zur Hälfte verstand. Das war jedoch nicht weiter tragisch, denn was er sagte, konnte ich mir problemlos zusammenreimen. Ich bin schon einigen schottischen Pros begegnet und sie haben alle immer dasselbe erzählt: Dass ihr Urgroßonkel ein Mitbegründer von St. Andrews gewesen sei, dass sie früher einmal auf der Tour gespielt hätten und eigentlich der beste Spieler der Welt hätten werden können, aber dass ihnen die ewige Reiserei zu umständlich gewesen sei

und sie deshalb das gemütliche Leben auf der Insel vorgezogen hätten – so weit kam unser Mac aber gar nicht, da wir glücklicherweise sehr bald starten konnten.
Als der Versicherungsmensch an der Reihe war, pfefferte er seinen Ball geradewegs in ein Gebüsch, so dass er nachladen und einen provisorischen hinterher spielen musste. Der flog dann schnurgerade das Fairway hinab. Es ist doch immer wieder verblüffend, dachte ich für mich, wie oft der erste Schlag in der Pampa landet, während der provisorische dann jeweils traumhaft ist. Was einmal mehr beweist, dass wir es eigentlich könnten, aber einfach dem selbst auferlegten Druck nicht standhalten. Weshalb veranstaltet nicht endlich jemand ein Turnier, bei dem der Spieler am Abschlag immer zwei Versuche zur Verfügung hat – ähnlich wie beim Tennis? Dann könnten auch alle Teilnehmer viel besser bei Laune gehalten werden.
Beim Ball angekommen, mussten wir feststellen, dass er so tief in einem dornigen Gestrüpp lag, dass keine Möglichkeit bestand, ihn irgendwie herauszuspielen. „Der ist wohl unspielbar“, kommentierte ich die unerfreuliche Lage. Der Berater nickte nur. Dann wandte er sich mit fragendem Blick zu unserem Pro, den wir ja dabei hatten, um allerhand von ihm lernen zu können – möglicherweise sogar über die Regeln. Der nahm seine Aufgabe auch sofort wahr und er-

zählte in seinem unverständlichen Dialekt so viel und so schnell und deutete dabei in alle Himmelsrichtungen, dass ich eher den Eindruck hatte, er erläutere uns das Wesen der Corioliskraft als sonst etwas. Nachdem nun alle mächtig konfus waren, beschloss ich, das Zepter zu übernehmen und erläuterte die drei Drop-Möglichkeiten.

Regel 28. Ball unspielbar

[...]

Hält der Spieler seinen Ball für unspielbar, so muss er unter Hinzurechnung einer Strafe von einem Schlag

a. einen Ball so nahe wie möglich der Stelle spielen, an der der ursprüngliche Ball zuletzt gespielt wurde (siehe Regel 20-5.); oder
b. einen Ball nicht näher zum Loch innerhalb zweier Schlägerlängen von der Stelle, an der er lag, fallen lassen; oder
c. einen Ball in beliebiger Entfernung hinter dem Punkt, wo der Ball lag, fallen lassen, wobei dieser Punkt auf gerader Linie zwischen dem Loch und der Stelle liegen muss, an der der Ball fallen gelassen wird.

[...]

Als ich meinen Vortrag beendet hatte, schaute sich unser Gastgeber um und kam dabei zu dem Schluss, dass er weder im Umkreis von zwei Schlägerlängen noch auf der rückwärtigen Verlängerung einigermaßen befriedigend droppen konnte.

Drei Möglichkeiten des Droppens, jeweils verbunden mit einem Strafschlag, stehen dem Spieler zur Verfügung, wenn er seinen Ball für unspielbar erklärt.

„Ich kann ja auch zurück zur Stelle des letzten Schlags und von dort spielen, haben Sie gesagt...“, meinte er etwas zögerlich. Ich nickte, worauf er aufatmend anfügte: „...und den Schlag habe ich ja bereits gemacht.“ „Wie meinen Sie das?“, fragte ich nach. „Nun ja“, erwiderte er, „meinen provisorischen Ball habe ich ja genau von dort hinten gespielt.“ Dabei blickte er stolz zum Fairway hinüber, wo sein provisorischer Ball in perfekter Pose auf dem grünen Rasen lag. „Ich spiele demnach einfach mit meinem provisorischen Ball weiter und erhalte einen Strafschlag.“ „Irrtum“, entgegnete ich, „das, was Sie da drüben sehen, ist ein Phantom.“ Über diese Aussage staunte er so sehr, dass ich etwas genauer werden musste: „Damit will ich sagen, dass es den Ball, den Sie dort sehen, eigentlich gar nicht mehr gibt. In dem Moment, in dem Sie Ihren ursprünglichen Ball auf dem Platz finden, gibt es den provisorischen Ball nicht mehr.“

Regel 27-2.c. Provisorischen Ball aufgeben

Ist der ursprüngliche Ball weder verloren noch im Aus, so muss der Spieler den provisorischen Ball aufgeben und das Spiel mit dem ursprünglichen Ball fortsetzen. [...]

„Aber kann ich nicht trotzdem mit dem provisorischen weiterspielen? Mein ursprünglicher Ball ist doch quasi verloren in dem Gestrüpp.“ „Nein, er ist nicht verloren, er ist lediglich unspielbar. Verloren ist ein Ball nur, wenn er im Aus liegt, unauffindbar ist oder nicht identifiziert werden kann."

Erklärung „Verlorener Ball"

Ein Ball ist verloren, wenn:

a. er binnen fünf Minuten [...] nicht gefunden oder nicht vom Spieler als sein eigener identifiziert ist [...]

Decision 27-2c/2 Ursprünglichen Ball gefunden; Spieler will ihn aber ignorieren und mit dem provisorischen Ball weiterspielen

Frage: An einem Par-3-Loch spielt ein Spieler seinen Ball vom Abschlag in ein Dickicht, und da sein Ball darin verloren sein könnte, spielt er einen provisorischen Ball, der ganz nahe am Loch zur Ruhe kommt. Unter diesen Umständen wäre es für den Spieler von Vorteil, wenn er seinen ursprünglichen Ball nicht finden würde, weil nämlich dann der provisorische Ball zum Ball im Spiel werden würde. [...] Sein ursprünglicher Ball [wird] jedoch [...] gefunden [...] Darf der Spieler den ursprünglichen Ball ignorieren und mit dem provisorischen Ball weiterspielen?

Antwort: Nein. Der Spieler muss [...] das Spiel mit ihm [dem ursprünglichen Ball] fortsetzen oder ggf. nach Regel 28 (Ball unspielbar) verfahren. Der provisorische Ball muss aufgegeben werden – Regel 27-2.c.

„Das hätten Sie früher abschätzen müssen", schloss ich, „dann hätten wir gar nicht erst gesucht und Sie hätten in der Tat mit Ihrem provisorischen weiterspielen können. Denn niemand ist gezwungen, nach seinem Ball zu suchen. Nun ist es allerdings zu spät." „Hmm", war die Antwort, und dann hakte er noch einmal nach, „also müsste ich tatsächlich zurückgehen und denselben Schlag erneut machen?" Ich nickte. Natürlich war ihm dies viel zu umständlich, und er entschied sich deshalb, das Loch aufzugeben und den provisorischen Ball einfach übungshalber weiterzuspielen. Gerade beim Stableford sollte man zwar nicht weiterspielen, wenn keine Punkte mehr zu holen sind, da es aber vor uns bereits einen kleinen Stau zu geben schien, drückte ich ein Auge zu. Nun, da sämtlicher Druck von ihm gewichen war, lief er zur Höchstform auf: Er setzte seinen Ball tot neben die Fahne, so dass das Einlochen reine Formsache war. Wir anderen spielten Par. „Drei und dreimal Vier", verkündete der Pro, als er die Scorekarte ausfüllte. „Dreimal Vier und ein Strich", korrigierte ich ihn. „He", rief er entrüstet, „der Junge hat ein Birdie gespielt." Dabei klopfte er unserem Versicherer anerkennend auf die Schulter. „Aber das zählt nicht", entgegnete ich, „da er das mit seinem provisorischen Ball gespielt hat – nachdem er das Loch bereits gestrichen hatte!" Der Schotte schien nur noch an das Preisgeld zu denken, das ihm für unsere Teamwertung winkte, denn er meinte plötzlich: „Dann geben wir ihm halt einen Mulligan." Und als

er meinen erstaunten Blick sah, fügte er an: „Wir sind ja unter uns." Für einen Schotten schien er mir reichlich großzügig. „Kommt nicht in Frage", beendete ich die Diskussion. Mac-Sowieso gab sich endlich geschlagen und trug die Resultate ein. Doch vorher schenkte er mir noch ein mitleidvolles Lächeln und brummelte etwas, das ich nicht verstand. Ich konnte es mir einmal mehr zusammenreimen.
Pro-Ams haben die Eigenheit, etwas zögerlich voranzugehen, und so kam es, dass wir bereits am zweiten Abschlag warten mussten. Und just da geschah es, während wir nichtsahnend dastanden. Ich hörte nur ein leises Pfeifen, gefolgt von einem hölzern klingenden „Tock" – und schon war Jens in sich zusammengesackt. Ich habe noch nie gesehen, wie ein Mensch erschossen wird, aber genau so stelle ich es mir vor. Er sackte still in sich zusammen. Kein theatralisches „Ah" oder „Oh", nein, er war einfach zusammengesackt und lag nun zu unseren Füßen. Es war auch nicht wie im Film, wo einer noch mit halb geöffneten Augen und letzter Kraft „Grüßt mir meine Kinder und sagt meiner Frau, sie soll die Ranch nicht verkaufen..." stammelt, nein, er war einfach weggetreten. Ein Golfball hatte ihn am Kopf getroffen.
Wir waren ziemlich ratlos, was wir nun tun sollten. Schließlich beschloss ich, das G-A-B-I mit Jens zu

machen: Gibt er Antwort? – Nein. Atmet er? – Ja. Blutet er? – Unmerklich. Ist sein Puls normal? – Was um alles in der Welt ist ein normaler Puls, fragte ich mich. Während ich noch grübelte, wurde der Kundenbetreuer allmählich nervös: „Die Spieler vorne sind gleich weg, dann müssten wir eigentlich abschlagen. Aber wir können ihn ja nicht einfach zurücklassen." „Nein", bestätigte ich, und der Schotte fügte trocken an: „Wenigstens nicht, solange er nicht bei Bewusstsein ist." Wir waren deshalb alle hocherfreut, als Jens gerade in diesem Moment ein Auge öffnete. Doch der Treffer hatte seine Spuren hinterlassen, denn er redete jetzt ganz wirres Zeug. Unter anderem auch allerhand von seiner Frau – was sehr interessant zu hören war. Dann musste er sich übergeben – das war wiederum weniger interessant.
Plötzlich kam eine Dame über den Hügel getrippelt, und als sie Jens sah, erschrak sie gar heftig und rief ein zaghaftes: „Fore!" Bevor sie noch mehr Unsinn von sich geben konnte, donnerte ich, dass Fore ein Warnruf sei und deshalb vorzugsweise gerufen werde, bevor der Ball einschlägt und nicht erst hinterher. Doch sie rechtfertigte sich, sie habe nicht gerufen, weil sie dachte, wir schlagen gerade ab, und da wollte sie unsere Konzentration nicht stören. Auf diesen Ausspruch hin bekam ich einen solch roten Kopf, dass sie schließlich dennoch vielmals um Ver-

zeihung bat und sich rührend um ihr Opfer kümmern wollte. Doch Jens hatte sich inzwischen aufgerappelt und schon wieder ganz anderes im Sinn: Wieso wir denn noch nicht abgeschlagen hätten, fragte er verwirrt, die Spieler hintendran hätten uns ja beinahe schon eingeholt. Ich war mir nicht sicher, ob er das wirklich so meinte, aber schließlich dachte ich, wir können ja nicht ewig hier stehen bleiben. Ich drückte der Dame ihren Ball, mit dem sie Jens niedergestreckt hatte, in die Hand und sagte: „Hier haben Sie Ihr Corpus Delicti wieder." Sie errötete vor Scham. Dann schlugen wir in Windeseile ab. Gerade als ich losmarschieren wollte, hielt mich die Dame zurück und fragte mit aufgelöster Stimme: „Was soll ich denn jetzt tun?" Sie tat mir fast ein wenig leid, und ich erklärte ihr deshalb, dass alles halb so schlimm sei und dass wir noch einmal Glück gehabt hätten. Sie solle sich keine Gedanken machen und weiterspielen. „Das meine ich ja", antwortete sie, „was soll ich jetzt tun? Ich weiß nicht, wo ich weiterspielen soll, Sie haben ja meinen Ball aufgenommen." Ich war so baff, dass ich kein Wort herausbrachte, und sie fragte erneut: „Muss ich meinen Schlag wiederholen? Ich meine, weil der Ball abgelenkt wurde?" Sie hatte mich so überrumpelt, dass ich ihr tatsächlich die betreffende Regel erläuterte: „Nein, das macht nichts. Ich meine, im Sinn der Regel macht das nichts, der Ball wird einfach gespielt, wie er liegt."

Regel 19. Ball in Bewegung abgelenkt oder aufgehalten
19-1. Durch nicht zum Spiel Gehöriges
Wird ein Ball in Bewegung zufällig durch etwas abgelenkt oder aufgehalten, das nicht zum Spiel gehört, so gilt dies als Spielzufall, ist straflos, und der Ball muss gespielt werden wie er liegt [...]

„In dem Fall darf ich meinen Ball dorthin zurücklegen, wo Sie ihn aufgenommen haben, und das Ganze ist straflos?", entgegnete sie.

Regel 18. Ball in Ruhe bewegt
18-1. Durch nicht zum Spiel Gehöriges
Wird ein Ball in Ruhe durch etwas bewegt, das nicht zum Spiel gehört, so zieht sich der Spieler keine Strafe zu, und der Ball muss vor dem nächsten Schlag des Spielers zurückgelegt werden.

Ich nickte und deutete ihr die Stelle, von der ich ihren Ball aufgenommen hatte. Dann lief ich kopfschüttelnd davon.
Der Rest der Runde verlief glücklicherweise weniger spektakulär. Jens spielte nicht sonderlich gut, da ihm immer wieder schwindlig wurde, und wir anderen spielten auch nicht berauschend, da wir ständig in Sorge waren, dass er womöglich die 18 Löcher nicht durchstehen würde und wir dann unser Spiel abbrechen müssten.
Nach der Runde begaben wir uns sofort nach Hause, da Jens über Kopfschmerzen klagte. Als ich ihn bei seiner Frau abgab, quittierte sie das, wie immer, wenn

wir vom Golf kommen, mit einem vorwurfsvollen Blick und bat mich nicht mehr herein. Was mich allerdings erstaunte war, dass sie nicht einmal fragte, was geschehen sei. Sie brummelte nur etwas von wegen, dass sie ihrem Liebsten den Umgang mit mir verbieten wolle oder so ähnlich. Dabei konnte ich gar nichts für das Malheur. Wir Golfer sind nun mal verwegene Glücksritter, die weder Tod noch Teufel fürchten.

Ein unvergessliches Erlebnis

Neulich rief mich mein Freund Urs an und erzählte ganz aufgeregt, er habe eine Einladung zu einem Golfturnier von einer Privatbank, da gäbe es die tollsten Preise und anschließend ein gediegenes Essen, und der Clou an der ganzen Sache: Es nähmen keine wirklich guten Spieler teil, so dass wir die mit unseren tiefen Handicaps problemlos in die Tasche stecken könnten. Natürlich wurde ich sofort misstrauisch und fragte ihn, weshalb er immer von „wir" und „uns" redete, wo ich doch bei jener Bank gar kein Konto hätte und auch kein Geld, um eines zu eröffnen. Und prompt platzte er heraus, es handle sich um ein Teamwettspiel, zu dem er einen Gast mitbringen dürfe, wobei mir natürlich fast der Hörer aus der Hand fiel. Denn bei unserem letzten gemeinsamen Turnier hatte er unsere Bälle in alle Richtungen verschossen, so dass wir am Ende Zweitletzte wurden. Darauf hatte ich mir geschworen, keine Teamwettspiele mehr zu bestreiten, nicht einmal mit meinem treuen Golffreund Urs. Das war vor einer Woche. Doch er schwärmte noch weiter und erläuterte, dass es sich um ein Scramble-Turnier handle, weshalb ich mir wegen schlechter Schläge keine Gedanken machen müsse: Ein Team bestehe nämlich aus zwei Spielern, beide schlagen ab und anschließend entscheidet das Team, welcher Ball besser liegt. Dann darf der schlechtere Ball ebenfalls an diese Stelle gelegt werden, von wo wiederum beide Spieler weiterschlagen. So geht das mit jedem Schlag, bis der Ball im Loch ist. Man hat also für jeden Schlag sozusagen zwei Versuche und damit könne gar nichts schief gehen – es werde bestimmt ein unvergessliches Erlebnis. Allmählich ließ ich mich von seiner Euphorie anstecken, und als er schließlich erwähnte, dass dieses Turnier für seine hübschen Hostessen bekannt sei, gab ich mich dem Leichtsinn endgültig hin und sagte zu.

Als ich am Golfplatz eintraf, war von Urs noch nichts zu sehen. Dafür wurde ich von einem Vertreter des Sponsors umso freundlicher empfangen. So freundlich, dass er mir sogar ein Kompliment für meine Kleidung machte: Er sagte, ich sei eine äußerst elegante Erscheinung und ich sähe geradezu aus wie ein kleines Birdie. Was er damit meinte, verstand ich nicht. Dann schwärmte er vom Wetter, das er ebenfalls als Birdie bezeichnete, und allmählich begriff ich, dass er von Golf keinen blassen Dunst hatte. Und dies versuchte er nun zu kaschieren, indem er mit irgendwelchen Fachbegriffen um sich warf. Da ich meine Zeit nicht länger mit einem Ungläubigen verplempern wollte, machte ich mich flugs auf den Weg zu jenem berühmten Stand mit den Hostessen. Urs hatte nicht zuviel versprochen, die Hostessen waren nicht nur hübsch und charmant, nein, sie waren auch großzügig: Ich erhielt Bälle, Tees, Marker, eine Pitchgabel, zudem meinen schätzungsweise zwanzigsten Windpulli und mein hundertstes Käppi – alles mit dem Logo der Bank. Ich bedankte mich für diese edlen Gaben so ausgiebig bei den Hostessen, dass ich dabei prompt die Zeit vergaß. Schließlich musste ich die Damen völlig überstürzt verlassen, um noch rechtzeitig am Start zu sein.

Am Abschlag angekommen, traf ich auf das mit uns spielende Ehepaar sowie den Starter, aber von Urs war nach wie vor keine Spur. Wir hatten noch eine Minute. Schließlich kam er gerade rechtzeitig angerannt und entschuldigte sich sogleich vielmals – es sei ihm etwas ganz Blödes passiert: Erst sei seine Uhr stehen geblieben, dann sei ihm der Sprit ausgegangen, so dass er habe tanken müssen, und wie er endlich hier angekommen sei, habe er auch noch bemerkt, dass er seinen Tankdeckel nicht mehr habe. Er musste ihn bei der Tankstelle vergessen haben. Inzwischen sei er auch nicht mehr sicher, ob er in der Eile überhaupt bezahlt habe. Aber die Dame im Sekretariat wisse über alles Bescheid und werde sich der Sache annehmen. „Alles erledigt. Wir können." Urs' Abschlag landete ausgerechnet auf einem Weg. Da er aber weiter war als meiner, wenn auch natürlich nur unwesentlich, beschlossen wir, *seinen* Ball weiterzuspielen. Zumal der Weg mit Holzschnitzeln belegt war, was zu strafloser Erleichterung berechtigt. „Das ist ein unbewegliches Hemmnis. Wir nehmen hier Erleichterung gemäß Regel 24", verkündete ich unseren Mitspielern.

Erklärung „Hemmnisse“

Hemmnis ist alles Künstliche, eingeschlossen die künstlich angelegten Oberflächen und Begrenzungen von Straßen und Wegen [...]

„Wieso soll das ein unbewegliches Hemmnis sein, ich denke, das sind nur künstliche Sachen?“ fragte unser Mitspieler. „Ist es ja“, antwortete ich, „das ist ein künstlich angelegter Weg.“ „Aber die Holzspäne sind doch ein Naturprodukt“, entgegnete er darauf. „Ja, schon“, bestätigte ich, „aber sie wurden durch Menschenhand hergestellt und gelten damit als künstlich. Eine Sitzbank ist schließlich auch ein Hemmnis, obwohl sie aus Holz hergestellt ist. Zudem gibt es eine Decision dazu.“

Decision 24/9 Straße oder Weg mit künstlich angelegter Oberfläche

Frage: Eine Straße oder ein Weg mit künstlich angelegter Oberfläche ist ein Hemmnis. Wann ist eine Oberfläche künstlich angelegt?
Antwort: Die Oberfläche einer Straße oder eines Weges ist dann künstlich angelegt und daher ein Hemmnis, wenn Fremdmaterial aufgetragen worden ist, wie [...] Asphalt, Kies, Holzspäne, usw.

„Aufgetragenes Fremdmaterial“, murmelte er jetzt, „heißt das, wenn kein Fremdmaterial aufgetragen wurde, gibt es keine Erleichterung – zum Beispiel bei einem Trampelpfad?“ „Sie sagen es“, bestätigte ich. Nun suchte Urs den nächstgelegenen Punkt, an dem er behinderungsfrei stehen und schwingen konnte, und nachdem ich ihm meinen Driver gereicht hatte, maß er eine Schlägerlänge ab. „Moment“, meldete sich unser Mitspieler erneut, „das ist doch bestimmt nicht erlaubt, dass ein Spieler von einem anderen Schläger ausleiht.“ Nun kramte er ein Regelbüchlein hervor und begann zu suchen. Da er mir etwas ziellos zu blättern schien, wies ich ihn auf den richtigen Weg: „Versuchen Sie es mal mit Regel 4-4.“ Er war hellauf begeistert: „Ja, danke! Sehen Sie, da steht Schwarz auf Weiß, dass das verboten ist.“

Regel 4-4.a. Auswahl und Hinzufügen von Schlägern

Der Spieler darf eine festgesetzte Runde nicht mit mehr als 14 Schlägern antreten [...] jedoch darf er, sofern er mit weniger als 14 Schlägern angetreten ist, beliebig viele hinzufügen, vorausgesetzt seine Gesamtzahl übersteigt nicht 14. [...] Schläger dürfen nicht hinzugefügt werden, indem irgendein Schläger ausgeliehen wird, den irgendwer, der auf dem Platz spielt, zum Spielen ausgewählt hat.

„Sie haben Recht“, gab ich zu, „aber es ist ausnahmsweise erlaubt, wenn ein Schläger ausgeliehen wird, nicht um einen Schlag zu machen, sondern um eine Schlägerlänge auszumessen, und der Spieler dadurch keinen Vorteil hat. Das werden Sie aber im gewöhnlichen Regelbuch nicht finden. Das steht nur in den Decisions.“

Decision 20/2 Ausleihen eines Schlägers zum Ausmessen von Schlägerlängen

Zum Ausmessen von Schlägerlängen darf ein Spieler jeden der Schläger verwenden, die er für die Runde ausgewählt hat (Regel 4-4.). Leiht sich nun ein Spieler einen Schläger aus, um damit Schlägerlängen auszumessen, lässt den Ball auf der so ermittelten Fläche fallen und spielt ihn, so zieht er sich keine Strafe zu, sofern die Stelle, wo der Ball fallen gelassen wurde, auch mit einem der eigenen Schläger des Spielers, die er für die Runde ausgewählt hat, hätte ermittelt werden können. [...]

Dann schloss ich: „Und weil Urs einen gleich langen Driver dabei hat, ist das in diesem Fall erlaubt. Aber Sie haben Recht, man sollte keine Schläger ausleihen während der Runde, das stiftet nur Verwirrung." „Hmm", meinte der andere, „immer diese Ausnahmen... Aber warten Sie, es heißt ja auch, dass man jenen Schläger verwenden sollte, mit dem man den nächsten Schlag zu spielen gedenkt. Und Sie wollen mir ja nicht weismachen, dass Sie von hier aus mit dem Driver zum Grün spielen wollen." „Ich glaube, Sie bringen da etwas durcheinander", begann ich. „Es ist richtig, dass man jenen Schläger verwenden muss, mit dem man den nächsten Schlag zu spielen gedenkt. Das gilt aber nur für das *Simulieren der Ansprechposition*. Das heißt, wenn Sie sich hinstellen, um zu bestimmen, wo der nächstgelegene Ort ist, an dem Sie frei stehen und schwingen können, dann müssen Sie ebendiesen Schläger in der Hand halten."

Erklärung „Nächstgelegener Punkt der Erleichterung"

[...]

Anmerkung: Der Spieler sollte seinen nächstgelegenen Punkt der Erleichterung feststellen, indem er mit demjenigen Schläger, mit dem er seinen nächsten Schlag zu spielen gedenkt, die Ansprechposition und das Schwingen für diesen Schlag simuliert.

„Beim Abmessen der Schlägerlänge dürfen Sie hingegen wieder jeden x-beliebigen Schläger nehmen, den Sie dabei haben."

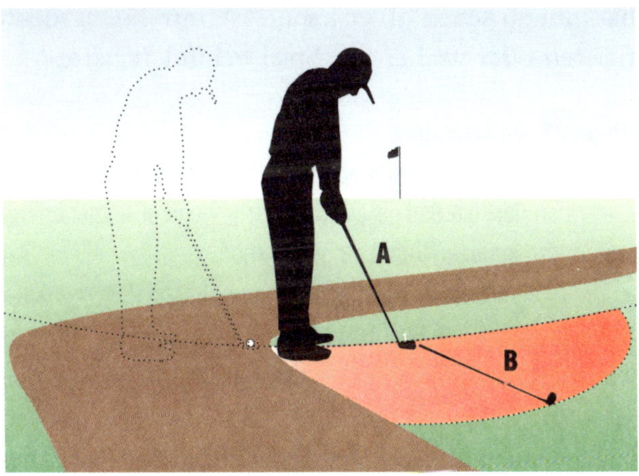

Beim Simulieren der Ansprechposition, d.h. um den nächstgelegenen Punkt bestimmen zu können, sollte der Schläger verwendet werden, mit dem man den nächsten Schlag zu spielen beabsichtigt (A). Beim anschließenden Abmessen der Schlägerlänge darf wieder der längste Schläger verwendet werden (B).

Urs hatte seinen Ball inzwischen gereinigt und machte nun Anstalten, ihn fallen zu lassen. Doch bevor er dazu kam, intervenierte unser Mitspieler erneut. Wie es schien, hatte er Gefallen an den Regeln gefunden. „Darf man das?“ „Darf man was?“, fragte Urs leicht genervt zurück. „Den Ball reinigen. Ich dachte, das ist nur auf dem Grün erlaubt?“ „Doch, doch“, meldete ich mich zu Wort, „wenn man den Ball aufnehmen darf, um nach irgendeiner Regel zu verfahren, darf man dabei normalerweise auch den Ball reinigen. Das ist nur verboten, wenn man den Ball aufgenommen hat, um zu sehen ob er kaputt ist, um ihn zu identifizieren oder weil er das Spiel behindert hätte.“

Regel 21. Ball reinigen

Ein auf dem Grün [...] aufgenommener Ball darf gereinigt werden. Anderswo darf ein Ball gereinigt werden, wenn er aufgenommen worden ist, außer er wurde aufgenommen,

a. um zu entscheiden, ob er spielunbrauchbar ist [...]
b. zur Identifizierung [...]
c. wegen Behinderung oder Unterstützung des Spiels [...]

Unser Mitspieler schien damit befriedigt, und Urs streckte erneut seinen Arm aus, um den Ball fallen zu lassen. Doch er wurde einmal mehr unterbrochen. Es kamen nämlich gerade in dem Augenblick zwei Carts angefahren. Im vorderen saß der Clubmanager mit einem Herrn in Uniform und im Wagen dahinter saß die Dame vom Sekretariat mit nochmals einem Herrn in Uniform.

Wie sich herausstellte, waren die Herren von der Polizei und wegen Urs hier. Er sei nämlich an einer Autobahntankstelle davongefahren, ohne zu bezahlen. So etwas nenne man Diebstahl, und er wolle sie bitte auf das Polizeirevier begleiten. Natürlich intervenierte ich lautstark, dass ich wegen eines solch geringfügigen Delikts meinen Partner nicht gehen lassen würde, schließlich spielten wir ein bedeutsames Scramble. Abgesehen davon gehe das Benzin, rein juristisch betrachtet, mit dem Einfüllen in das Eigentum des Tankenden über, so dass es Urs bereits gehört habe, als er abgefahren sei. Damit habe er es genau genommen gar nicht stehlen können. Aber die Beamten meinten nur, ich solle besser meine vorlaute Klappe halten, sonst würden sie mich auch gleich mitnehmen. Schließlich gaben sie zu, dass sie nicht wegen diesen 50 Franken den ganzen weiten Weg hergefahren seien. Das wahre Problem sei vielmehr, dass Urs schon losgefahren sei, als der Einfüllstutzen noch in seinem Tank steckte. Er sei abgerissen und in der Folge sei etwas Benzin ausgeflossen. Die Feuerwehr habe von 1500 Litern gesprochen... Dann sind sie alle miteinander abgefahren.

Ich rechne es meinem Partner noch heute hoch an, dass er sich so beeilte. Und ganz im Stich ließ er mich schließlich auch nicht: Immerhin hatte er noch einen Schlag zu unserer Runde beigetragen, bevor er in Gewahrsam genommen wurde. Viel mehr hatte ich sowieso nicht erwartet. Urs hatte Recht, als er ein unvergessliches Erlebnis versprach.

Lawrence of Arabia

Als ich mich an jenem Morgen dem ersten Abschlag näherte, fiel mir vor allem auf, wie neugierig mich meine beiden Mitspieler musterten. Sie tuschelten und beobachteten mich auf Schritt und Tritt. Nachdem ich bei ihnen angelangt war und mich vorgestellt hatte, platzten sie schließlich heraus: „Sie sind der, der diese lustigen Regelbücher schreibt, stimmt's?" Ich nickte, und der eine fügte gleich hinzu, er habe die Geschichten allesamt gelesen und sich königlich amüsiert. Dann zog er mich zu sich heran und fragte: „Die Erzählungen sind doch nicht wahr – ich meine, die haben Sie nicht so erlebt, oder?" Ich nickte erneut und fügte mit einem tiefen Seufzer an: „Doch, leider schon." „Oh", entfuhr es ihm und er dachte einen Moment nach. Dann wandte er sich zu seinem Mitspieler: „Dann sollten wir uns vielleicht etwas zusammenreißen, sonst kommen wir noch in seiner nächsten Geschichte vor." Und dann lachten wir alle und dachten an nichts Böses. Ich hätte es besser wissen müssen.
Meine beiden Mitspieler hießen Erwin und Lorenz, und besonders letzterer war sehr darauf bedacht, keinen Regelverstoß zu begehen. So fragte er mich bereits vor dem Abschlag, ob der Ball, mit dem er spielen wolle, überhaupt regelkonform sei, denn es handle sich dabei um ein so genanntes X-Out-Modell, also einen Ball mit gewissen Fabrikationsfehlern. Diese Bälle haben die Eigenheit, dass das Logo des Herstellers mit mehreren X überdruckt ist,

dafür werden sie zu wesentlich günstigeren Preisen in den Proshops angeboten. Da ich in der Wettspielausschreibung keine Einschränkung bezüglich X-Out-Bällen finden konnte, beruhigte ich ihn, dass seine Wahl durchaus zulässig sei.

Decision 5-1/4 Status eines so genannten „X-Out-Balls"

Frage: „X-Out" ist die gebräuchliche Bezeichnung für einen Golfball, der von seinem Hersteller als fehlerhaft aussortiert wurde, und der deshalb den Markennamen auf dem Golfball hat aus-x-en lassen. Wie ist der Status eines solchen „X-Out-Balls"?

Antwort: Bei den Gründen, wegen denen „X-Out-Bälle" als fehlerhaft verworfen und aussortiert wurden, handelt es sich bei der überwiegenden Mehrzahl von ihnen lediglich um Schönheitsfehler, d.h. Fehler an der Farbe oder der Beschriftung. In Ermangelung von gegenteiligen Vorschriften, nach denen ein „X-Out-Ball" nicht regelkonform wäre, ist der Gebrauch eines solchen Balls zulässig. In einem Wettspiel jedoch, bei dem die Spielleitung in die Wettspielausschreibung die Bedingung aufgenommen hat, dass der vom Spieler gebrauchte Ball im gültigen Verzeichnis zugelassener Golfbälle aufgeführt sein muss [...] darf ein „X-Out-Ball" nicht gebraucht werden [...]

Auch nachdem wir abgeschlagen hatten, wollte Lorenz alles ganz richtig machen und so fragte er mich tatsächlich vor jedem einzelnen Schlag, ob das, was er mache und vorhabe, regelkonform sei oder ob er sich womöglich bereits Strafe zugezogen hätte. Und nachdem er jeweils geschlagen hatte, ließ er mir

auch keine Ruhe, sondern fragte die haarsträubendsten Sachen über allerlei Regeln: Wie vorzugehen sei, wenn sich ein Ball in einer Plastiktüte verfängt, die vom Wind in einen nahegelegenen Teich geweht und dort von Fischen aufgefressen wird... – so richtig aus dem Leben gegriffen. Dabei wollte ich doch nur Golf spielen!
Am zweiten Grün setzte Lorenz seinen Ball in einen Bunker, wo er sich geradezu in den Sand einbohrte. Es war eine fürchterliche Lage, doch ich hatte keinerlei Mitleid. Im Gegenteil, ich war fast ein bisschen froh, denn ich hatte Hoffnung, dass er nun eine Weile mit sich selbst beschäftigt sein würde. Doch noch bevor er den Bunker betrat, stellte er seine nächste Frage: „Darf ich den Rechen mit in den Bunker nehmen?“ „Ja“, antwortete ich, „aber du musst ihn behutsam im Bunker ablegen und darfst dabei nicht die Beschaffenheit des Sandes prüfen.“

Decision 13-4/20 Schirm oder Harke vor dem Schlag in Hindernis legen

Frage: Darf ein Spieler einen Schirm oder eine Harke in einem Bunker hinlegen, bevor er einen Schlag aus diesem Bunker spielt?
Antwort: Einen Schirm oder eine Harke in einem Hindernis hinzulegen ist gleichbedeutend mit dem Hinlegen von Schlägern in einem Hindernis [...] Vorausgesetzt, dass nichts getan wird, was Prüfen der Beschaffenheit des Hindernisses oder Verbessern der Lage des Balls darstellt, ist dies straflos. Siehe aber auch Decision 13-4/22.

Decision 13-4/22 Harkenstiel vor dem Schlag in den Bunker stecken

Frage: A nimmt eine Harke mit in den Bunker, um gleich nach seinem Schlag seine Fußspuren einebnen zu können. Bevor er seinen Schlag spielt, steckt er die Harke mit dem Stiel voran in den Sand. Ist dies gestattet?

Antwort: Nein. A hat gegen Regel 13-4. verstoßen, nach der die Beschaffenheit des Hindernisses nicht geprüft werden darf, wenn der Ball in dem Hindernis liegt.

Dann schlug er auf seinen Ball, doch leider flog der nur knappe zwei Meter und landete weiter vorne immer noch im selben Bunker. Ernüchtert packte Lorenz den Rechen und ebnete seine bisherigen Spuren ein. „Oh, nein“, rief er dann plötzlich, „ich darf ja gar nicht rechen, weil mein Ball immer noch im Bunker ist.“ „Doch, doch“, beruhigte ich, „nachdem du deinen ersten Schlag im Bunker gemacht hast, darfst du rechen. Das ist eine Ausnahme und gilt auch nicht als Prüfen des Sandes, weil du die Beschaffenheit des Sandes von deinem eben gemachten Schlag her ja schon kennst. Aber du darfst nur dort rechen, wo es dir bei deinem nächsten Schlag nicht hilft.“

Decision 13-4/36 Nach dem Schlag Einebnen von Sand im Bunker, jedoch bevor der Ball hinausgespielt ist

Frage: A spielt einen Schlag in einem Bunker, aber er schlägt zu weit hinter dem Ball in den Sand und der Ball bleibt im Bunker. A

ebnet den Sand im Bunker in dem Bereich ein, wo er seinen Schlag gespielt hat. Ausnahme 2 zu Regel 13-4. gestattet das Einebnen, vorausgesetzt, dass dabei nichts geschieht, was die Lage des Balls verbessert oder dem Spieler beim weiteren Spielen des Lochs von Nutzen ist. Das Einebnen hat die neue Lage des Balls nicht verbessert. B beanstandet jedoch, dass das Einebnen A beim weiteren Spielen des Lochs von Nutzen gewesen sei, weil er damit die Beschaffenheit des Sandes hat prüfen können. Hat B Recht?
Antwort: Nein. A hat die Beschaffenheit des Sandes bereits beim ersten Schlag im Bunker prüfen können und er gewinnt auch keine zusätzlichen Erkenntnisse durch das Einebnen des Sandes an der Stelle, wo dieser Schlag gespielt worden war.
Die Beanstandung von B, dass das Einebnen des Sandes A beim weiteren Spielen des Lochs von Nutzen gewesen sei, ist ungerechtfertigt, außer der Ball rollt nach einem anschließenden Schlag in diesem Bunker in den eingeebneten Bereich zurück.

Er schaute etwas verwirrt, war aber zufrieden, dass er rechen durfte und fuhr damit fort. Dann legte er den Rechen wieder ab und machte seinen zweiten Schlag. Auch diesmal schaffte es der Ball nicht aus dem Bunker, sondern blieb an der Kante hängen und rollte zurück in den Sand. Lorenz' dritter Bunkerschlag war deshalb weitaus energischer, doch diesmal flog nur der Sand richtig weit, der Ball blieb von Beginn weg an Ort und Stelle. Darüber regte er sich so sehr auf, dass er wutentbrannt seinen Schläger so oft in den Sand schlug, bis er darin stecken blieb. Dann blickte er sich vorsichtig um, um zu sehen, ob wir seinen Wutausbruch mitbekommen hatten. Wir hatten nicht nur gesehen, wie er seine Beherrschung verloren hatte, ich brummte ihm auch noch zwei Strafschläge auf, weil er unerlaubterweise den Sand im Bunker berührt hatte.

Decision 13-4/35 Schläger in den Bunkersand geschlagen, nachdem es nicht gelungen war, den Ball aus dem Bunker hinauszuspielen

Frage: A spielt einen Schlag in einem Bunker, es gelingt ihm jedoch nicht, den Ball aus dem Bunker hinauszuspielen und er schlägt deswegen verärgert mit seinem Schläger in den Sand. Dies blieb ohne Einfluss auf die neue Lage seines Balls im Bunker. Hat A gegen Regel 13-4. verstoßen, da er noch einen Schlag aus dem Bunker spielen muss?

Antwort: Ja. Keine der Ausnahmen zu Regel 13-4. rechtfertigt A's Handlung.

Dagegen wehrte er sich vehement: „Moment mal, das ist aber gar nicht logisch. Vorhin hast du gesagt, nachdem ich meinen ersten Schlag im Bunker gemacht habe, dürfe ich den Sand berühren, weil ich seine Beschaffenheit ja bereits kenne. Und nun willst du mir plötzlich zwei Strafschläge geben?" „Ja, denn das Berühren ist nur erlaubt, um den Sand zu rechen, nicht aber, um mit dem Schläger darin herumzuschlagen."

Regel 13-4. Ball im Hindernis

Sofern nicht in den Regeln vorgesehen, darf der Spieler, bevor er einen Schlag nach einem Ball ausführt, der in einem Hindernis ist [...] nicht:

a. die Beschaffenheit des Hindernisses oder eines gleichartigen Hindernisses prüfen,
b. den Boden im Hindernis [...] mit einem Schläger oder sonstwie berühren,

[...]

Ausnahmen:

[...]

2. Der Spieler darf nach dem Spielen des Schlags [...] jederzeit, Sand oder Erdreich im Hindernis einebnen, vorausgesetzt dass dabei, sofern der Ball noch immer in dem Hindernis ist, nichts geschieht, was die Lage des Balls verbessert oder dem Spieler beim weiteren Spielen des Lochs von Nutzen ist.

Es wollte ihm nicht recht einleuchten, aber er gab sich offenbar geschlagen, denn er stellte sich bereits wieder an seinen Ball. Doch auch der nächste Schlag brachte nicht das gewünschte Ergebnis. In der Folge schaufelte er noch eine ganze Menge Sand aus dem Bunker, so dass ich allmählich den Verdacht bekam, er sei in Tat und Wahrheit auf der Suche nach Erdöl. Irgendwann schaffte er es aber, seinen Ball zu toppen, so dass dieser über das ganze Grün flog und erst im gegenüberliegenden Bunker wieder zur Ruhe kam.

Von dort aus spielte Lorenz in einer Art Ping-Pong zurück in den ersten Bunker, wo der Ball schließlich wieder in seiner ganz ursprünglichen Lage landete. „Und jetzt?", fragte er mich. „Jetzt ist er hier gelandet, wo ich vorhin gerecht habe. Das ist sicher ein Problem." „Nein", beruhigte ich ihn, „wenn du mal aus einem Bunker heraus bist, darfst du sowieso rechen. Und sollte der Ball später wieder im selben Bunker landen, dann ist das sozusagen eine neue Situation."

Decision 13-4/38 Sand eingeebnet, nachdem Ball aus dem Bunker gespielt worden war; Ball kommt später auf die eingeebnete Fläche zurück

Frage: Nachdem der Spieler seinen Ball aus einem Grünbunker gespielt hat, ebnet er seine Fußspuren ein. Dann stellt er fest, dass sein Ball wieder in einem Bunker auf der anderen Seite des Grüns gelandet ist. Er spielt aus dem zweiten Bunker und der Ball kommt auf der vorhin eingeebneten Fläche im ersten Bunker zur Ruhe. Wie ist die Regelentscheidung?

Antwort: Der Spieler hat sich keine Strafe zugezogen. Er hat den Sand im ersten Bunker eingeebnet, als sein Ball nicht mehr in dem Bunker lag [...]

Als Lorenz' Ball irgendwann doch noch den Weg aufs rettende Grün fand, hatte ich keine Ahnung, wie viele Schläge er inzwischen gemacht hatte. Es waren so viele gewesen, dass ich außerstande gewesen war,

mitzuzählen. Der halbe Bunker lag nun auf dem Grün.
Als Lorenz mit Putten an der Reihe war, rümpfte er nur die Nase, denn auf seiner Linie lag überall Sand. Er ging zu seinem Bag, packte ein Handtuch und steuerte zurück zu seinem Ball. „Was hast du vor?“, fragte ich sicherheitshalber. „Na, den Sand wegwischen“, erklärte er und hielt das Handtuch in die Höhe, um zu zeigen, was für ein cleverer Putzmann er war. „Aber nicht mit dem Handtuch“, mahnte ich, „das wäre ein Regelverstoß.“ Er lachte nur und ging weiter. Da ich keine Miene verzog, fragte er plötzlich nach: „Du machst einen Scherz, nicht wahr?“ Ich schüttelte den Kopf: „Nein, du darfst das Handtuch tatsächlich nicht benutzen, um den Sand vom Grün zu fegen. Die Regeln haben kaum etwas anderes so genau vorgeschrieben, wie das Entfernen von losen hinderlichen Naturstoffen auf der Puttlinie: Weder Handtücher noch Besen noch Staubsauger oder ähnliches sind erlaubt. Nur mit der Hand oder einem Schläger ist das Wegwischen erlaubt.“

Regel 16-1.a. Puttlinie berühren

Die Puttlinie darf nicht berührt werden, außer:

(I) dass der Spieler Sand und loses Erdreich auf dem Grün sowie andere lose hinderliche Naturstoffe bewegen darf, indem er sie aufsammelt oder mit der Hand oder einem Schläger beiseite fegt, ohne dabei irgendetwas niederzudrücken [...]

Decision 16-1a/8 Lose hinderliche Naturstoffe mit Mütze oder Handtuch von der Puttlinie entfernt

Frage: Ein Spieler berührt seine Puttlinie, indem er lose hinderliche Naturstoffe mit seiner Mütze oder einem Handtuch beiseite fegt. Ist dies gestattet?

Antwort: Nein. Dies ist ein Verstoß gegen Regel 16-1.a., nach der ein Spieler beim Entfernen loser hinderlicher Naturstoffe seine Puttlinie nur mit der Hand oder einem Schläger berühren darf.

Meine Ausführungen hatten ihn so verunsichert, dass er hilflos auf dem Grün stand und schließlich sogar fragte, was er mit dem nutzlos gewordenen Handtuch tun solle: „Darf ich das auf dem Grün ablegen?" Nachdem ich dies bejaht hatte, machte er sich daran, den Sand mühselig von Hand wegzuwischen. Er tat es sehr vorsichtig, beinahe schon ängstlich, wie mir schien. Plötzlich hielt er inne: „Eine rein theoretische Frage: Du hast von der Puttlinie gesprochen. Heißt das, außerhalb des Grüns dürfte ich mit dem Handtuch arbeiten, weil dort ja keine Puttlinie ist?" „Nein", entgegnete ich, „außerhalb des Grüns darf Sand gar nicht entfernt werden, weil er dort nicht als loser hinderlicher Naturstoff gilt. Auf dem Vorgrün zum Beispiel muss der Sand liegen bleiben und der Ball gespielt werden, wie er liegt."

Erklärung „Lose hinderliche Naturstoffe"

Sand und loses Erdreich sind auf dem Grün lose hinderliche Naturstoffe, jedoch nirgendwo sonst [...]

„Hmm..." Er dachte nach. „Aber Steine dürfte man entfernen?", hakte er nach. „Steine schon...", begann ich, doch er unterbrach mich sogleich: „Ab welcher Größe bitteschön gilt denn ein Sandkorn als Stein?" Mit dieser Frage hatte er mich nun seinerseits ganz schön verblüfft, und wir fingen an zu grübeln. Eine Antwort fanden wir allerdings nicht und eine Decision dazu existiert auch nicht. Am ehesten ist

ein Stein wohl ab jener Größe als solcher zu betrachten, sobald er sich bei einem Schlag anders verhalten würde als Sand, das heißt von der Schlagfläche abprallen und als Geschoss durch die Gegend fliegen würde, mit entsprechendem Gefahrenpotenzial.
Nachdem Lorenz seine Puttlinie endgültig von allem Sand gereinigt hatte, machte er sich daran, die Linie zu lesen, und ging deshalb um das Loch herum. Schließlich kniete er sich ausgerechnet in meine Puttlinie, um die Neigung des Grüns zu lesen. „Du sitzt in meiner Linie“, erlaubte ich mir einen Hinweis. Er sprang so verschreckt auf, dass er eine tiefe Kerbe ins Grün drückte, wie ich sie noch nie gesehen hatte. Es war ihm natürlich nirgends recht. Mit dem schlechtesten Gewissen schaute er sich den angerichteten Schaden an. „Das tut mir jetzt aber leid“, entschuldigte er sich, „und das Dümmste ist ja, dass man Spikemarken auf dem Grün nicht reparieren darf.“ „In diesem Fall schon“, berichtigte ich, „jene Spikemarken, welche du unmittelbar auf meiner Puttlinie verursacht hast, dürfen ausgebessert werden. Das ist eine Ausnahme um der Fairness willen.“

Decision 16-1a/13 Gegner oder Mitbewerber tritt versehentlich auf die Puttlinie

Frage: Ein Gegner oder Mitbewerber tritt versehentlich auf die Puttlinie des Spielers. Wie ist die Regelentscheidung?

Antwort: Es gibt keine Strafe. Regel 1-2. ist nicht anwendbar. Falls die Puttlinie beschädigt wurde (z.B. Spikemarken verursacht), so darf sie nach Billigkeit (Regel 1-4.) in den vorherigen Zustand zurückversetzt werden. Ein Spieler hat Anspruch auf die Lage des Balls und die Puttlinie, die er hatte, als sein Ball zur Ruhe gekommen war. Die Puttlinie darf von jedermann wieder hergerichtet werden.

Als ich endlich mit Putten an der Reihe war, markierte ich meinen Ball und nahm ihn kurz auf. Da er dreckverschmiert war, und ich kein Tuch zur Hand hatte, rieb ich ihn am Grün, damit der Dreck abgestreift würde. Das wiederum rief Lorenz auf den Plan: „Gibt das nicht zwei Strafschläge“, fragte er kühn, „wegen Prüfen des Grüns durch Aufrauen der Oberfläche?“

Regel 16-1.d. Prüfen der Oberfläche

Beim Spielen eines Lochs darf der Spieler die Oberfläche des Grüns nicht dadurch prüfen, dass er einen Ball rollt oder die Oberfläche aufraut oder aufkratzt.

„Ich habe nichts geprüft!“, stellte ich klar, „ich habe lediglich den Ball gereinigt, das ist erlaubt.“

Decision 16-1d/5 Ball auf dem Grün reiben, um ihn zu reinigen

Frage: Darf ein Spieler seinen Ball reinigen, indem er ihn auf dem Grün reibt?

Antwort: Ja, sofern diese Handlung nicht dem Zweck dient, die Oberfläche des Grüns zu prüfen. Es ist aber empfehlenswert, den Ball auf andere Art und Weise zu reinigen, damit über die Absichten des Spielers keine Zweifel entstehen.

Mein Ball lippte aus und blieb hinter dem Loch stehen, so dass ich ihn nur noch ins Loch schubsen musste. Ich tat es quasi im Vorbeigehen mit der Rückseite des Putters. Auch dies beunruhigte Lorenz und er wollte wissen, ob das Schlagen mit der Rückseite des Putters erlaubt sei. Ich bestätigte ihm, dass man mit irgendeiner Seite schlagen darf, sofern mit dem *Kopf* des Schlägers gespielt wird. Das heißt, den Schläger komplett umdrehen und mit dem Griff spielen wäre beispielsweise nicht zulässig.

Decision 14-1/1 Schlag mit der Rückseite des Schlägerkopfs ausführen

Frage: Darf ein Spieler einen linkshändigen Schlag mit der Rückseite des Schlägerkopfs eines Schlägers für Rechtshänder ausführen?

Antwort: Ja. Ein Spieler darf einen Schlag mit jedem Teil des Schlägerkopfs ausführen, sofern dabei ehrlich nach dem Ball geschlagen wird (Regel 14-1.) und der Schläger Regel 4-1. entspricht.

Zudem monierte er, ich hätte meinen Ball zu schnell aus dem Loch genommen. Er habe nämlich einmal gelernt, dass der Ball erst als eingelocht gilt, wenn er im Loch *zur Ruhe* gekommen ist. Und meiner sei noch darin herumgesprungen. Doch auch diese Sorge konnte ich ihm nehmen, denn die Decision setzt sich hier über den sturen Wortlaut der Regeln hinweg.

Decision 16/5.5 Spieler locht kurzen Putt ein und nimmt den Ball aus dem Loch, angeblich bevor er zur Ruhe gekommen ist

Frage: Ein Spieler locht einen kurzen Putt ein und nimmt seinen Ball aus dem Loch. Sein Gegner oder Mitbewerber behauptet dann, er habe gehört, dass der Ball auf dem Grund des Locheinsatzes noch nicht zur Ruhe gekommen war, als der Spieler den Ball herausnahm, und dass man daher nicht sagen könne, der Ball sei eingelocht, da die Erklärung „Einlochen" besagt: „Ein Ball ist eingelocht, wenn er innerhalb der Peripherie des Lochs zur Ruhe gekommen ist...". Wie ist die Regelentscheidung?
Antwort: Der Ball ist eingelocht. Die Worte „zur Ruhe gekommen" in der Erklärung „Einlochen" sollen klarstellen, dass ein Ball, der zwar unter die Ebene des Lochrands gefallen ist, danach aber wieder aus dem Loch springt, nicht eingelocht ist.

Als wir uns auf den Weg zum zweiten Abschlag machten, blickte ich sehnsüchtig zum Clubhaus zurück. Am liebsten hätte ich die Runde bereits hier beendet. Denn ich konnte mir nur zu gut vorstellen, was bei 34 Regeln und weit über 1000 Decisions noch für Fragen auf mich zukommen würden...

Die Hochzeits-Golfer

Was ich Ihnen hier erzähle, hat sich bereits vor einigen Jahren zugetragen. Und zwar auf Jamaika, einer Insel, die in erster Linie für zwei Dinge bekannt ist: Sex und Drogen. Bloß ich hatte wieder mal keine Ahnung und ging zum Golfen hin. Das junge Paar, welches mit mir spielte, war auch aus einem ganz eigenen Grund hergekommen: Sie waren auf Hochzeitsreise.

Nicole und Marcus stellten sie sich am ersten Abschlag vor. Sie kamen aus New York. Nicht ohne Stolz erzählten sie mir, dass sie vor knapp einer Woche den Bund fürs Leben geschlossen hätten, wobei ich diesen Ausdruck für eine flüchtige Einrichtung wie die Ehe nicht sehr treffend finde, was ich übrigens statistisch belegen kann. Aber natürlich sagte ich nichts, sondern beglückwünschte sie, wie es sich gehört, worauf sie mir prompt androhten, dass sie mir nach der Runde ihre Hochzeitsfotos zeigen wollten.

Ich war in Gedanken noch damit beschäftigt, wie ich wohl aus diesem Schlamassel wieder herauskommen könnte, als sich Marcus bereits für das schlechte Spiel seiner Frau entschuldigte. Dies wohlgemerkt noch bevor wir überhaupt einen Schlag gemacht hatten. Sie habe eben noch kein Handicap, sondern erst Greenfee. Das ist nun in der Tat nicht besonders viel, dachte ich für mich, nahm aber an, dass er wohl eher einige Begriffe verwechselt hatte. Natürlich hatte die Äußerung seine Frau hellhörig

gemacht. Er solle bloß nicht so großartig tun, keifte sie ihn an und wandte sich darauf gleich zu mir: „Mein Mann hat eigentlich auch kein Handicap. Die 26, die auf seinem Ausweis steht, hat er nur, weil sein bester Freund Manager in einem Club bei New York ist.“ Darauf herrschte eisiges Schweigen und ich hielt es auch nicht für nötig, etwas dazu zu sagen. Marcus und ich schlugen ab.
Als Nicole den Damenabschlag betrat, meinte sie: „Das wird jetzt sicher nichts!“, und „Der erste Schlag ist immer der schwierigste!“, und noch ein paar ähnliche Dinge. Sie gehörte zu jenen Golfern, welche sich immer schon im Voraus für den schlechten Schlag entschuldigen, den sie gleich machen werden. Das ist allerdings das Schlimmste, was es gibt, denn eine schlechte Einstellung wirkt sich erfahrungsgemäß verheerender aus als ein schlechter Schwung. Doch Nicole lamentierte munter weiter und machte schließlich prompt einen Luftschlag. Damit war sie die erste Dame, die ich je eine „Lady“ habe schlagen sehen. Während sie sogleich hervorsprudelte, sie habe das gleich gewusst und sie habe es uns ja gesagt, zählte Marcus in genüsslicher Weise lauthals: „Eins!“ Ich weiß nicht, was er damit genau bezwecken wollte, aber es tönte jedenfalls nicht wie eine Liebesbezeugung. Dennoch hatte er natürlich nicht Unrecht, denn es zählt nun mal jeder Schlag im Golf, unabhängig davon, ob man den Ball trifft oder nicht.

Erklärung „Schlag“

Schlag ist die Vorwärtsbewegung des Schlägers, ausgeführt in der Absicht, ehrlich nach dem Ball zu schlagen und ihn zu bewegen.

Nicole ignorierte den Ausspruch ihres Göttergatten gänzlich, worüber ich außerordentlich erleichtert war, und machte sich daran, ihren zweiten Schlag auszuführen. Vorher teete sie ihren Ball jedoch ein wenig höher auf, wahrscheinlich um sicher zu gehen, dass sie nicht erneut darüber hinweg schlug. Allerdings war das ein Regelverstoß, denn der Ball war inzwischen im Spiel und durfte deshalb nicht mehr bewegt werden.

Decision 18-2a/1 Schlag auf dem Abschlag verfehlt Ball; Spieler teet den Ball tiefer auf, bevor er den nächsten Schlag spielt

Frage: Ein Spieler, der vom Abschlag abspielt, führt einen Schlag aus, trifft den Ball aber nicht. Er drückt das Tee tiefer in den Boden und spielt ab. Hat sich der Spieler Strafe zugezogen?

Antwort: Ja. Indem der Spieler einen Schlag nach dem Ball ausgeführt hatte, war der Ball im Spiel. Als er seinen Ball niedriger aufteete, zog er sich einen Strafschlag gemäß Regel 18-2.a. zu [Anm. des Autors: Ball vom Spieler bewegt – Zurücklegen mit 1 Strafschlag]. Und weil er dann versäumte, den Ball anschließend zurückzulegen, zieht er sich die Strafe für Verstoß gegen Regel 18 (Lochspiel – Lochverlust; Zählspiel – insgesamt zwei Schläge) zu [...]

Sie schien das nicht zu wissen, und Marcus wusste offensichtlich auch nicht so genau Bescheid, denn er reagierte nicht. Und wie ich ihn einschätzte, hätte er es sich bestimmt nicht entgehen lassen, sie darauf hinzuweisen. Ich selbst sagte nichts, da es mir gänzlich egal war – wir spielten doch nur eine freundschaftliche Runde.

Bei ihrem neuerlichen Versuch traf Nicole den Ball, allerdings landete er nach kurzem Flug im Wasser, und dies notabene in einem Teich, welcher nach meiner Beurteilung vom Architekten als Verteidigung des 18. Grüns gedacht war und mit dem ersten Loch eigentlich nichts zu tun hatte. Wie auch immer, Nicole lamentierte weiter und beklagte sich nun, dass sie nicht spielen könne, wenn wir sie so beobachteten, und sie merke genau, wie ungeduldig wir seien, und überhaupt gebe sie das erste Loch auf. Dann lieh sie sich meine Ballangel und marschierte davon, um nach ihrem Ball zu fischen. Marcus und ich spielten indessen weiter.

„Wäre das nach den Regeln nicht verboten", fragte mich plötzlich Marcus, „ich meine, dass sie deine Ballangel ausleiht?" Ich wunderte mich ein wenig über diese seltsame Frage, doch wahrscheinlich witterte er eine Gelegenheit, seiner Frau ein paar Strafschläge aufzubrummen. „Nein", erwiderte ich, „Spieler dürfen untereinander alles ausleihen, außer Schläger."

Decision 5-1/5 Darf Spieler sich Bälle von einem anderen Spieler ausleihen

Frage: Einem Spieler gehen während einer festgesetzten Runde die Bälle aus. Darf er sich einen oder mehrere Bälle von einem anderen Spieler leihen?

Antwort: Ja. Regel 4-4.a. verbietet einem Spieler zwar das Ausleihen eines Schlägers von einem anderen Spieler, der gerade auf dem Platz spielt. Aber nach den Regeln ist kein Spieler daran gehindert, sich andere Ausrüstungsgegenstände (Bälle, Handtücher, Handschuhe, Tees, usw.) von einem anderen Spieler, oder auch von etwas nicht zum Spiel Gehörigem, auszuleihen.

Dies verleitete ihn natürlich dazu, gleich nachzuhaken: „Gilt denn so eine Ballangel nicht als Schläger?“ „Nein, tatsächlich nicht“, antwortete ich und fragte mich, was er wohl von Golf verstand, wenn er schon so wenig von Schlägern verstand. „Sonst hätte ich auch zu viele Schläger dabei, weil höchstens deren 14 erlaubt sind.

Regel 4-4. Höchstzahl von 14 Schlägern

a. Auswahl und Hinzufügen von Schlägern

Der Spieler darf eine festgesetzte Runde nicht mit mehr als 14 Schlägern antreten [...]

Inzwischen waren wir bei Marcus' Ball angekommen, und er machte sich für seinen Schlag bereit. Es wurde ein scheußlicher Hacker, und nun lamentierte er

genau gleich wie seine Frau: Er habe es gleich gewusst, weil er sich bei der Schlägerwahl nicht sicher gewesen sei, und wenn man sich nicht sicher sei, dann solle man es besser bleiben lassen. Dann produzierte er gleich noch einen weiteren Hacker und meinte mit leicht weinerlicher Stimme: „Wenn ich einen schlechten Schlag mache, bleibt es nie bei dem einen, sondern es folgen immer noch zwei weitere. Schlechte Schläge treten bei mir immer in Dreier-Serien auf." Kaum hatte er dies ausgesprochen, folgte wie versprochen sein dritter Hacker. Umso erstaunter war ich, als er den vierten Hacker in Folge machte, und ich erlaubte mir, ihn zu fragen, was es denn nun mit seiner Dreier-Theorie auf sich habe. Er antwortete in vollem Ernst: „Das war der erste Schlag einer neuen Dreier-Serie!" Er war ein hoffnungsloser Fall und bestätigte einmal mehr, was ich schon lange weiß: Eine schlechte Einstellung ist schlimmer als ein schlechter Schwung! Schließlich strich er das Loch ebenfalls und ich spielte alleine fertig.
Das zweite Loch war ein Par 3 übers Wasser und inzwischen war Nicole auch wieder zu uns gestoßen. Sie strahlte übers ganze Gesicht und meinte, eine solche Ballangel sei das Größte und sie wolle sich auch so eine kaufen. Das wiederum veranlasste ihren Mann zu einer entnervten Bemerkung: „Shopping, Shopping, Shopping – kannst du einmal nicht ans

Geld ausgeben denken?!“ Darauf herrschte wieder eisiges Schweigen, und ich nutzte es, um mich auf meinen Schlag vorzubereiten.

Nachdem ich abgeschlagen hatte, teete Marcus seinen Ball auf und gab eine weitere Theorie zum Besten: „Eigentlich sollte man ja immer alte Bälle nehmen, wenn man übers Wasser spielt, dann ist die Chance rüberzukommen größer.“ „Gib nicht so an“, warf nun seine Frau ein, „du hast doch gar keine alten Bälle!“ Dann wandte sie sich zu mir: „Er verliert sie immer vorher. Er bringt es fertig und verliert seine Bälle sogar im Ballwascher.“ Ich fand das echt witzig und amüsierte mich königlich. Doch Marcus trieb es fast zur Weißglut, so dass er seinen Ball prompt ins Wasser setzte. Dann schlug er noch einen ins Wasser, und bevor er seine Dreier-Serie vervollständigen konnte, erlaubte ich mir den Hinweis, dass er nach Regel 26 vorne beim Wasserhindernis droppen könnte, was sowieso viel vorteilhafter sei. Da mich Marcus etwas unsicher anblickte, beruhigte ich ihn: „Ich werde dir deine Dropmöglichkeiten erklären, wenn wir vorne sind.“

Bevor wir allerdings nach vorne schreiten konnten, war erst noch seine Frau mit Abschlagen an der Reihe. Auch sie schlug ihren Ball ins Wasser. „Schatz, wirfst du mir mal einen Ball zu, ich schlag noch einen.“ Doch der Schatz entgegnete nur: „Du kannst vorne droppen – dort, wo ich auch droppe.“

Nicole blieb standhaft: „Ich möchte es aber noch einmal von hier hinten versuchen.“ „Vergiss es! Wenn ich nicht rüber komme, dann wirst du es auch nicht schaffen.“ „Jetzt gib mir endlich einen Ball – du hast schließlich auch zwei Versuche gehabt.“ Genervt kramte Marcus einen Ball aus der Tasche und warf ihn seiner Frau hin: „Dann wirf ihn doch gleich von Hand ins Wasser, so sparen wir wenigstens Zeit.“ Über diesen Spruch ärgerte sich Nicole dermaßen, dass sie abwechselnd rot anlief und wieder kreideweiß wurde. Aber sie sagte nichts. Schließlich konzentrierte sie sich lange – und beförderte den Ball mit einem satten Schlag auf die andere Seite. Es war ein toller Schlag gewesen, und ich klatschte Beifall. Nur Marcus gab sich unbeeindruckt und marschierte los.
Als ich beim Wasserhindernis ankam, wartete Marcus bereits ungeduldig, und ich erläuterte ihm, wo er seinen Ball droppen könnte: Auf der Verlängerung der Linie vom Loch zum Kreuzungspunkt, wo sein Ball ins Wasserhindernis geflogen ist.

Regel 26-1. Ball im Wasserhindernis

[...]

Ist ein Ball in einem Wasserhindernis oder ist er darin verloren (egal, ob der Ball im Wasser liegt oder nicht), so darf der Spieler mit einem Strafschlag:

a. einen Ball so nahe wie möglich der Stelle spielen, wo der ursprüngliche Ball zuletzt gespielt wurde (siehe Regel 20-5.); oder
b. einen Ball in beliebiger Entfernung hinter dem Wasserhindernis fallen lassen, wobei der Punkt, wo der ursprüngliche Ball zuletzt die Grenze des Wasserhindernisses gekreuzt hat, auf gerader Linie zwischen dem Loch und der Stelle, wo der Ball fallen gelassen wird, liegen muss [...]

Er hörte aufmerksam zu und fragte dann: „Darf ich nicht auch dort, wo der Ball ins Wasser gegangen ist, innerhalb von zwei Schlägerlängen droppen?" „Nein", entgegnete ich, „die Möglichkeit besteht nur beim seitlichen Wasserhindernis. Hier haben wir es aber mit einem frontalen Wasserhindernis zu tun, das gelb markiert ist."

c. als zusätzliche Wahlmöglichkeiten nur dann, wenn der Ball zuletzt die Grenze eines seitlichen Wasserhindernisses gekreuzt hat [...]

Erklärung „Wasserhindernis"
[...] Wasserhindernisse sollten (anders als seitliche Wasserhindernisse) durch gelbe Pfosten oder Linien bezeichnet werden.

Erklärung „Seitliches Wasserhindernis"
[...] Seitliche Wasserhindernisse sollten durch rote Pfosten oder Linien bezeichnet werden

Plötzlich erspähte ich eine Dropping-Zone auf der anderen Seite des Teichs und hieß Marcus deshalb, seinen Ball noch nicht fallen zu lassen. Ich schaute auf der Scorekarte nach und wurde rasch fündig.

„Landet ein Ball im Wasserhindernis an Loch 2, so darf der Spieler nach Regel 26 (Wasserhindernisse) verfahren oder wahlweise mit einem Strafschlag in der Dropping Zone auf der anderen Seite des Wasserhindernisses droppen."

Marcus war hocherfreut über diese neue Perspektive, doch er zögerte noch ein wenig: „Das wäre dann aber näher zum Loch, als wo mein ursprünglicher Ball liegt." Damit hatte er in der Tat Recht. Dennoch, wenn eine spezielle Regel das Fallenlassen in einer Dropping-Zone gestattet, ist dies in der Regel selbst dann erlaubt, wenn dies näher beim Loch ist.

Decision 33-8/34 Platzregel für die Einrichtung einer Fläche zum Fallenlassen (Dropping-Zone); Verfahren beim Fallenlassen

Frage: Die Spielleitung hat eine Fläche zum Fallenlassen des Balls (Dropping-Zone) angelegt für Inanspruchnahme von Erleichterung von [...] einem Wasserhindernis [...] Wenn sich der Spieler zur Erleichterung entschließt, wie ist dann das Verfahren beim Fallenlassen und erneuten Fallenlassen des Balls?

Antwort: [...] der fallen gelassene Ball [darf] näher zum Loch rollen und zur Ruhe kommen als seine ursprüngliche bzw. geschätzte Lage.

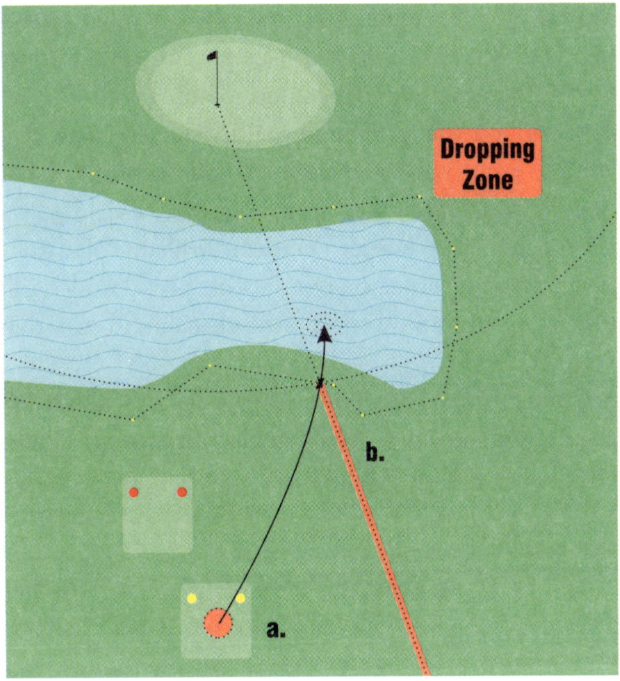

Beim frontalen Wasserhindernis stehen grundsätzlich zwei Möglichkeiten zum Droppen mit 1 Strafschlag zur Verfügung:

1. An der Stelle des letzten Schlags (am Abschlag erneut aufteen).
2. Auf der rückwärtigen Verlängerung der Linie Loch-Kreuzungspunkt (Punkt, wo der Ball zuletzt die Grenze des Wasserhindernisses überschritten hat).
3. Nur wo eine Dropping-Zone ausdrücklich zur Verfügung steht, darf dort als zusätzliche Möglichkeit mit 1 Strafschlag gedroppt werden. Dies ist selbst dann erlaubt, wenn die Dropping-Zone näher beim Loch liegt.

Marcus war sichtlich erleichtert, dass er nicht erneut über das Wasserhindernis spielen musste, und droppte wie vorgesehen auf der andere Seite. Dann glückte ihm endlich wieder einmal ein Schlag, und sein Ball landete recht nahe am Loch. „Guter Schlag!", lobte Nicole und fügte an: „Wenn man bedenkt, dass du geschlagen hast, war er geradezu brilliant." Er quittierte das mit einer trotzigen Grimasse, und dann machten wir uns wieder stillschweigend auf den Weg.

Sollte ich jemals auf Honeymoon gehen, werde ich meine Golfschläger – oder meine Frau – zu Hause lassen.

Just
Married

Mein Freund Urban

Ich habe einen Freund, der heißt Urban. Und genau so ungewöhnlich wie sein Name ist auch sein Schwung. Vor allem sein Abschwung. Der ist nämlich so steil, dass Urbans Schläger danach meist bis zum Schaft in der Erde steckt. Manchmal mitsamt dem Ball. Aber da er diesen Schwung bereits seit gut zehn Jahren kultiviert, kann es auch mal vorkommen, dass er den Ball vorher streift, und dann hoppelt dieser ein Stück und manchmal fliegt er sogar. Ich vermute, dass man seine Hacker noch auf der anderen Seite des Erdballs spüren kann. Aber Urban duldet keinerlei Kritik an seinem „neuen steilen Schwung der Zukunft", wie er ihn nennt, und erstickt jeden in diese Richtung gehenden Versuch bereits im Keim. Egal was man sagt, sobald er merkt, dass es um seinen Schwung geht, fällt er einem ins Wort und meint: „Ich weiß!" Auf diese Weise hat er bereits unzähligen Golflehrern den Rücken gekehrt und inzwischen kommt er ganz gut allein zurecht. Meint er.

Bei den Regeln ist es eigentlich dasselbe. Kaum fange ich mit etwas an, heißt es schon: „Ich weiß!", und ich bin dann immer ganz gespannt, was er denn genau weiß. Aber ich möchte es nicht versäumen, an dieser Stelle zu betonen, dass Urban ein herzensguter Mensch ist, den ich über alle Maßen schätze, und deshalb spielen wir hie und da zusammen Golf; letztes Jahr waren wir sogar gemeinsam im Golfurlaub in Florida.

Das Besondere in Amerika ist ja, im Gegensatz zu Europa, dass man auf fast keinem Platz zu Fuß gehen darf. Ich finde das eigentlich schade, denn gerade dieses Marschieren gehört für mich einfach zum Golf. Ist es doch der sportlichste Teil, wenn man auf einer Runde Golf ungefähr zehn Kilometer zurücklegt (mit Urban können es auch schnell 15 Kilometer werden). Allerdings gibt es Plätze, da hat das Fahren seinen ganz besonderen Reiz: Mit Urban war ich zum Beispiel in einem Club, da fragte uns der Caddiemaster, ob wir lieber einen Wagen „mit" oder einen „ohne" hätten. Natürlich nickten wir beide heftig, weil wir an eine umfassend ausgestattete Kühlbox und allenfalls an einen Turbo dachten. Aber wie sich herausstellte, verfügte der Platz über ein satellitengestütztes Navigationssystem. Und jene Wagen „mit" entsprechender Ausrüstung hatten einen Bildschirm, auf dem man ablesen konnte, wie weit es zum Grün, zum Loch und zu allem möglichen anderen war (so auch zur nächsten Bar). Und das auf einen halben Meter genau. Wir nahmen einen Wagen „mit". Wobei sich mir sofort die Frage stellte, ob so etwas von den Regeln überhaupt gestattet sei. Zwar konnte uns das gründlich egal sein, da wir kein Turnier spielten, aber ich wollte es dennoch genau wissen und schlug nach. Regel 14 verurteilt nämlich alle möglichen Dinge als künstliche Hilfsmittel oder ungebräuchliche Ausrüstung. Prompt wurde ich fündig.

Regel 14-3. Künstliche Hilfsmittel und ungebräuchliche Ausrüstung

[...]

Sofern nicht in den Regeln vorgesehen, darf der Spieler während einer festgesetzten Runde keinerlei künstliche Hilfsmittel oder ungebräuchliche Ausrüstung benutzen,

[...]

b. zum Abschätzen oder Messen von Entfernungen [...]

Dafür stieß ich bei meinen Recherchen unter anderem auf die großzügige Aussage, dass Brillen und gewöhnliche Pflaster nicht darunter fallen und mit gutem Gewissen verwendet werden dürften. Wobei sogleich einschränkend gesagt wurde, dass ein solches Pflaster oder Klebeband nicht verwendet werden darf, um sich zwei Finger zusammenzukleben. Wer sollte auch so etwas tun?

Decision 14-3/8 Klebeband

Frage: Darf ein Spieler bestimmte Finger mit einem Klebeband zusammenbinden oder ein solches Band am Golfhandschuh anbringen?

Antwort: Der Gebrauch von Klebeband aus medizinischen Gründen, um z.B. Blasenbildung oder die Entstehung von Hautrissen an den Fingern zu vermeiden, ist kein Verstoß gegen die Regeln. Bindet ein Spieler jedoch die Finger mit Klebeband zusammen, ausschließlich zu dem Zweck, den Schläger besser greifen zu können, so hat er gegen Regel 14-3. verstoßen.

[...]

Schließlich hieß es, dass sogar das Verwenden eines Kompasses nicht erlaubt sei, wobei ich diese Einschränkung im Hinblick auf gewisse Anfänger geradezu unverantwortlich finde. Aber das ist ein heikles Thema und ich schweife ab.

Wir fuhren also in jenem Gefährt los und entdeckten, dass wir mit allerlei Luxus ausgestattet waren: Nebst der obligaten Kühlbox hinten rechts, hatten wir auch einen Behälter mit Sand und einer kleinen Schaufel, offenbar um die Divots aufzufüllen. Urban machte dann auch regen Gebrauch von dieser Sandbox, während ich mich mehr an die Kühlbox hielt. Das Navigationssystem beachteten wir dagegen bald nicht mehr, nachdem wir bereits am ersten Loch festgestellt hatten, dass es uns nicht viel brachte – so genau die Distanzangaben auch waren, wir schafften es einfach nicht, unsere Bälle so exakt zu spielen.

Am neunten Loch hatte Urban einen Schlag aus einem Bunker zu spielen. Als er auf den Ball schlug, gab es ein so seltsames Geräusch, dass ich dachte, er hätte auf einen Stein geschlagen. Der Ball schaffte es auch nicht einmal aus dem Bunker heraus. Als sich Urban für den nächsten Schlag bereit machte, sagte ich deshalb: „Kontrollier lieber mal, ob dein Ball noch ganz ist. So wie das geklungen hat, könnte es sein, dass er ganz schön was abgekriegt hat."

„Meinst du?", war die Antwort, und dann fügte er an, „ist das überhaupt erlaubt?" „Klar", bestätigte ich.

Regel 5-3. Ball spielunbrauchbar

[...]

Hat ein Spieler Grund zu der Annahme, dass sein Ball beim Spielen des zu spielenden Lochs spielunbrauchbar geworden ist, so darf er ihn beim Spielen dieses Lochs straflos aufnehmen, um zu entscheiden, ob er spielunbrauchbar geworden ist.

[...]

Ist entschieden, dass der Ball beim Spielen des zu spielenden Lochs spielunbrauchbar geworden ist, so darf der Spieler einen anderen Ball einsetzen und ihn an der Stelle hinlegen, wo der ursprüngliche Ball gelegen hatte. [...]

Urban konterte darauf: „Ich dachte, im Bunker sei das nicht erlaubt, weil man da den Ball auch nicht identifizieren darf."

Regel 12-2. Ball identifizieren

[...]

Außer im Hindernis darf der Spieler straflos einen Ball, den er für seinen eigenen hält, zum Zweck der Identifizierung aufnehmen [...]

„Das stimmt", sagte ich, „aber identifizieren und auf Beschädigungen prüfen sind zweierlei Dinge." Diese Aussage brachte Urban auf eine kühne Idee: „Dann sage ich doch in Zukunft immer, wenn mein Ball im Bunker liegt und ich ihn identifizieren möchte, dass ich nur kontrolliere, ob er kaputt sei." „Das zieht nicht", entgegnete ich, „weil du das nur kontrollieren darfst, wenn wirklich *Grund zur Annahme* besteht, dass er beschädigt sein könnte." Natürlich war seine Antwort: „Ich weiß." Dennoch fügte ich an: „Versuch nie, die Regeln zu überlisten, denn sie sind immer schlauer als du." „Ich weiß", wiederholte er nun leicht genervt. Dann überprüften wir seinen Ball: Er wies nur leichte Schrammen auf. „Das macht nichts", sagte ich, „den kannst du problemlos weiterspielen. Das heißt – du musst sogar." Ich hielt ihm das Regelbüchlein hin, so dass er es selbst nachlesen konnte.

Regel 5-3. Ball spielunbrauchbar

Ein Ball ist spielunbrauchbar, wenn er sichtbar eingekerbt, zerschlagen oder verformt ist. Ein Ball ist nicht lediglich deswegen spielunbrauchbar, [...] weil er verschrammt oder zerkratzt oder weil die Farbe beschädigt oder fleckig ist.

[...]

„Na gut", stimmte Urban zu. Doch dann deutete er auf den letzten Absatz der betreffenden Regel und fragte: „Was soll das denn heißen?"

[...]

Springt ein Ball als Folge eines Schlags in Stücke, so muss der Schlag annulliert werden, und der Spieler muss straflos einen Ball so nahe wie möglich der Stelle spielen, wo der ursprüngliche Ball gespielt worden war (siehe Regel 20-5.).

[...]

„Ich habe noch nie gesehen, wie ein Ball in Stücke geflogen ist", fügte er an. „Ich auch nicht", gab ich zu, „diese Regel ist wohl noch ein Relikt aus alten Zeiten." Urban schaute mich fragend an, so dass ich etwas weiter ausholte: „Ganz früher hat man mit Bällen gespielt, die aus Leder und mit Federn gefüllt waren. Dann kamen neue Bälle auf, so genannte Guttapercha-Bälle aus einer speziell harten Gummi-Substanz. Die hatten einen ganz entscheidenden Vorteil: Während nämlich der Federball beinahe so teuer war wie ein Schläger, waren diese geradezu spottbillig. Nur einen Haken hatten sie. Sie zerbarsten oft. Und deshalb wurde eine Regel entwickelt, die diesem Problem Rechnung trug. Zu Anfang hieß es noch, der neue Ball müsse dort hingelegt werden, wo das größte Stück gefunden wurde. Da aber oftmals Streit entflammte, welches nun das größte Stück sei, wurde die Regel im Laufe der Jahre angepasst und..." „Ich weiß", unterbrach Urban meinen Vortrag. Ich glaube, er wollte nun einfach weiterspielen, und das war natürlich sein gutes Recht. Also hielt ich meinen Mund, und Urban beförderte den Ball mit seinem charakteristischen Schwung gerade einmal ins nächste Hindernis: In einen kleinen Bach, der quer über die Spielbahn verlief.

Als wir am Bach angelangt waren, erkannten wir, dass es sich eher um ein Rinnsal handelte und das Bachbett fast vollständig ausgetrocknet war. Urbans

Ball lag in der Mitte dieses Bachbetts auf einer kleinen Sandbank und schien bestens spielbar. „Urban", begann ich, „der Boden...", doch bevor ich ausreden konnte, meinte er schon: „Ich weiß, der Boden und das Wasser dürfen mit dem Schläger nicht berührt werden."

Regel 13-4. Ball im Hindernis

Sofern nicht in den Regeln vorgesehen, darf der Spieler, bevor er einen Schlag nach einem Ball ausführt, der in einem Hindernis ist

[...] nicht

[...]

b. den Boden im Hindernis oder Wasser im Wasserhindernis mit einem Schläger oder sonstwie berühren [...]

Eigentlich war das nicht, was ich sagen wollte, doch Urban hatte inzwischen bereits zum Sprung angesetzt, um mit der Anmut einer Gazelle auf die Sandbank überzusetzen. Wie sich herausstellte, handelte es sich jedoch nicht um eine Sandbank, sondern um eine Schlamminsel. In dieser steckte Urban nun mit dem einen Bein bis zum Oberschenkel fest. Und jetzt konnte ich auch meinen angefangenen Satz zu Ende sprechen: „Der Boden – könnte weich sein." „Ich weiß. Ich weiß es jetzt", meinte Urban sauer. Dann versuchte er sich mit dem anderen Bein abzustoßen, um sein feststeckendes Bein aus dem Schlamm zu ziehen. Das Resultat war, dass er daraufhin mit beiden

Beinen im Schlamm festsaß. Ich sagte nichts und sah nur zu. Es dauerte eine ganze Weile, bis ich auf die Idee kam, dass ich ihn mit Hilfe des 3er-Eisens herausziehen könnte. Und es dauerte noch länger, bis wir's dann endlich geschafft hatten. Urban war nun schlammbedeckt von Kopf bis Fuß und als ob das nicht schon genug gewesen wäre, fügte er hinzu: „Jetzt gibst du mir sicher noch zwei Strafschläge, weil ich den Boden im Wasserhindernis berührt habe." Natürlich war das nur ein Scherz, und wir lachten befreit auf. Aber es hätte sowieso keine Strafe gegeben, da Regel 13 für Spieler wie Urban eine Ausnahme bereithält.

Regel 13-4. Ball im Hindernis

[...]

Ausnahmen:

1. Vorausgesetzt, es geschieht nichts, was Prüfen der Beschaffenheit des Hindernisses oder Verbessern der Lage des Balls darstellt, ist es straflos, wenn der Spieler (a) den Boden in irgendeinem Hindernis oder Wasser in einem Wasserhindernis berührt Infolge oder zur Vermeidung eines Sturzes [...]

Urban spielte den Ball nicht mehr und wir fuhren direkt zum Clubhaus zurück. Normalerweise nutzt man den Zwischenstopp beim Clubhaus nach neun Löchern, um einen Hotdog oder einen Hamburger zu essen. Da Urban aber aussah, als habe er eine

Nahkampfausbildung in den Everglades genossen, beschlossen wir, dass er sich besser etwas frisch machen sollte. In der Zwischenzeit würde ich beim Caddiemaster vorbeischauen und ihn bitten, unseren Sandbehälter wieder aufzufüllen – den hatte Urban nämlich auch schon leergemacht. Doch der Caddiemaster gab mir sogar einen neuen Wagen. Er meinte, die Batterieanzeige sei schon auf dreiviertelleer, was wir denn für einen Zickzack gefahren seien? Ich zuckte mit den Achseln und deutete mit dem Kopf stumm hinüber zum Clubhaus, wo Urban sich umzog. Worauf der Caddiemaster meinte, ich solle meinen Freund mal beim Pro vorbeischicken. „Ich weiß", antwortete ich.
Natürlich waren wir während des ganzen zweiwöchigen Urlaubs bei keinem Pro. Dafür hieß es nach unserem Aufenthalt, in den letzten 14 Tagen hätten die Seismografen wieder vermehrt Erdstöße registriert. Seither sage ich immer, Urban habe dasselbe Handicap wie ich: 5,5 – allerdings auf der offenen Richterskala.

Der längste Drive

Es war eine ganz gewöhnliche Runde, mit meinem mehr als gewohnten Golfpartner Urs. Unsere Mitspieler Martin und Stefan schienen soweit auch nicht außergewöhnlich, wenn sie auch etwas urwüchsig daherkamen, aber wir spielten eben in den Bergen, und von daher war das wieder ganz normal. Unser Spiel verlief ruhig und konzentriert, und das war gut so.

Am zwölften Loch änderte sich aber alles schlagartig: Eine kleine Tafel am Abschlag machte uns darauf aufmerksam, dass es hier einen Spezialpreis für den längsten Drive zu holen gab. Das ist mit Sicherheit eine der perfidesten Erfindungen, denn hatte man bis hierhin immer gerade und solide Abschläge – an diesem Loch wird alles anders und der Ball landet mit an Sicherheit grenzender Wahrscheinlichkeit in der Prärie.

Urs hatte die Ehre und bereits ganz glänzende Augen: Er träumte davon, seinen Ball in den Orbit zu feuern. Martin konnte derweil sogar mit einem Hausmittelchen für lange Abschläge aufwarten: Er zog einen Flachmann aus seiner Golftasche, füllte die Verschlusskappe auf und hielt sie mir hin. „Da", meinte er, „für lange Drives." Da meine Uhr erst Viertel nach elf Uhr morgens anzeigte, winkte ich dankend ab. Doch wie es die Gruppendynamik so mit sich bringt, hatte man mich nach langem hin und her schließlich überzeugt und so goss ich mir die

Brühe hinunter. Es brannte ziemlich und mir wurde einen Moment lang heiß. Dann schwindlig und schließlich leicht übel. Martin strahlte. „Vecchia Romagna mit Wodka“, ließ er mich wissen. Pfui Teufel! Immerhin fiel das Teufelsgebräu nicht unter die verbotenen Substanzen der Doping-Liste des IOC, welche von den meisten Golfverbänden übernommen wurde. Darin wird Alkohol zwar erwähnt, allerdings ist es wie Marihuana und Betablocker erlaubt, solange der entsprechende Golfverband kein ausdrückliches Verbot erlassen hat.

Liste der verbotenen pharmakologisch-medizinischen Maßnahmen zur Leistungsbeeinflussung (Doping-Liste)
III. Substanzen mit gewissen Einschränkungen

A. Alkohol
B. Cannabinoide
C. Lokalanästhetika
D. Glucokortikosteroide
E. Betablocker

Es ist Aufgabe der Sporttreibenden sich zu vergewissern, ob die verantwortlichen Sportverbände Einschränkungen und/oder Verbote vorsehen.

Nachdem alle bedient waren, machten wir uns an den Abschlag. Der Drink zeitigte seine Wirkung. Urs hatte ein phänomenal gestärktes Selbstvertrauen und ließ uns das auch wissen: „Jetzt zeige ich euch mal, was ein langer Drive ist," verkündete er mit angeschwellter Brust und machte ein paar Probeschwünge, die so schnell waren, dass ich jederzeit einen Überschallknall erwartete. „Da war alles bisherige Kinderkram dagegen", fuhr er fort, „ich schlage den Ball so weit, dass ihr ihn nicht einmal mehr runterkommen seht!" Dann schlug er volles Rohr drauf, und der Ball schoss wie eine Rakete in den Himmel. Und wir sahen den Ball tatsächlich nicht landen. Aber das lag vielleicht auch daran, dass der Wald an jener Stelle besonders dicht war.

Als wir anderen an der Reihe waren, gingen wir natürlich ebenfalls aufs Ganze, und auch unsere Drives waren so unglaublich lang, dass wir sie erst gar nicht suchen mussten. Das Loch wurde zu einem allgemeinen Fiasko, über dessen weitere Einzelheiten ich mich lieber ausschweigen möchte.

Am folgenden Abschlag wollte Urs uns natürlich immer noch beweisen, wie lang seine Drives sein können, und diesmal traf er. Sein Abschlag war so gut gewesen, dass er mit dem zweiten Schlag bequem das Grün erreichte, obwohl es sich beim Loch um ein Par 5 handelte. Nun lag er auf dem Vorgrün und hatte einen langen Putt zum Eagle.

Unsere Partner waren mächtig beeindruckt. Sie hatten noch nie miterlebt, wie jemand auf einem Par 5 das Grün in zwei Schlägen erreicht. Sie wollten unbedingt ein Eagle sehen und fieberten richtiggehend mit: „Wenn du den zum Eagle einlochst", meinte Stefan, „dann gebe ich dir nach der Runde eins aus!" Auch Martin stimmte gleich mit ein, um Urs einen Ansporn zu geben: „Wenn du den reintust, dann, dann..." – irgendwie schien ihm aber nichts einzufallen. Wir schauten ihn so lange erwartungsvoll an, bis er schließlich gezwungen war, irgendetwas zu sagen. „Dann sauf ich meinen Flachmann auf ex!", platzt er endlich heraus. Es war völlig gedankenlos gewesen und man konnte unschwer erkennen, dass er, kaum hatte er ausgesprochen, es auch schon bereute. Wir lachten nur und drohten, dass wir ihn beim Wort nehmen würden. Doch die Gefahr, diese Wette einlösen zu müssen, war zum Glück nicht besonders groß, denn Urs trennten noch gute 20 Meter vom Loch. Also machten wir uns keine weiteren Gedanken, obwohl ich insgeheim natürlich schon hoffte, dass Urs seinen Ball einlochen würde, denn darin sah ich eine Gelegenheit, Martin heimzuzahlen, dass mir seit zwei Löchern leicht übel war. Während Urs noch seine Linie von allen Seiten las, bat er mich, die Fahne aus dem Loch zu nehmen. Das rief sogleich Martin auf den Plan. Wegen seinem unüberlegten Versprechen versuchte er nun plötzlich alles, um Urs den anstehenden Putt zu erschweren: „Ich

glaube nicht, dass das erlaubt ist, denn Urs' Ball liegt noch nicht auf dem Grün, erst auf dem Vorgrün."
„Doch, doch", winkte ich ab, „herausnehmen darf man die Fahne eigentlich jederzeit aus dem Loch. Spätestens aber, wenn man mit seinem Ball auf dem Grün liegt und puttet, *muss* man sie aus dem Loch nehmen, beziehungsweise bedienen lassen."

Regel 17-1. Flaggenstock bedient, entfernt oder hochgehalten

Vor dem Schlag [...] darf der Spieler den Flaggenstock bedienen, entfernen oder zum Anzeigen der Lage des Lochs hochhalten lassen. [...]

Regel 17-3. Ball trifft Flaggenstock oder bedienende Person

Der Ball des Spielers darf nicht treffen

[...]

c. den unbedienten Flaggenstock im Loch, sofern der Ball vom Grün aus gespielt worden war.

Natürlich bevorzugen die meisten Spieler, dass die Fahne im Loch steckt, solange sie noch von außerhalb des Grüns spielen – erstens ist das einfacher zu handhaben und zweitens erweist sich die Fahnenstange oftmals als hilfreich. Wenn der Ball nämlich schnell heranrollt, wird er von ihr gestoppt. Aber sei's drum, Urs wollte sie draußen, also konnte er das haben.

Als sich Urs endlich für seinen Putt hinstellte, kauerte ich mich einige Meter hinter ihm nieder, um sehen zu können, wie sein Ball laufen würde. Ich hatte nämlich einen ganz ähnlichen Putt zu spielen. Eigentlich sollte man sich ja nicht in der Verlängerung der Puttlinie aufhalten, weil das die meisten Spieler als störend empfinden, doch ich kenne Urs lange genug, um zu wissen, dass ihm das nichts ausmacht – solange ich mich nicht bewege. Dafür machte es Martin umso mehr aus: „He, das ist nicht erlaubt. Du darfst nicht in der Verlängerung der Linie stehen, wenn jemand puttet, sonst kriegst du Strafschläge.“ Dann wandte er sich an Urs: „Und du kriegst ebenfalls Strafschläge, wenn du das duldest.“ Was er da sagte, hatte zwar gewisse richtige Ansätze, war aber als Ganzes nicht richtig und deshalb erlaubte ich mir, die Regellage klarzustellen: „Also erstens darf ich als Spieler in der Regel stehen, wo ich will, solange es keinen stört. Und was Urs angeht, so darf er nicht dulden, dass sein *Caddie* oder *Teampartner* hinter ihm steht, während er spielt, weil die ihm beim Ausrichten behilflich sein könnten.“

Regel 14. Der Schlag nach dem Ball

14-2. Unterstützung

Beim Spielen eines Schlags darf ein Spieler nicht [...]

b. dulden, dass sein Caddie, sein Partner oder der Caddie des Partners auf oder dicht an einer Verlängerung der Spiellinie oder Puttlinie hinter dem Ball Position bezieht.

Martin musste sich geschlagen geben und konnte nun nur noch bangen. Als Urs endlich puttete, herrschte Totenstille und der Ball nahm seinen Lauf, rollte und rollte, bis er schließlich im Loch verschwand. Unser Jubel war riesig, während Urs seiner Siegesfreude vollen Lauf ließ und Gesten machte, auf deren Idee nicht einmal Tiger Woods nach seinem sensationellen Sieg des Masters gekommen war. Er warf seine Kappe in die Luft, verbeugte sich vor einer imaginären Menge und schlug wilde Kapriolen. Doch dann beruhigten wir uns schnell wieder und stellten uns vor Martin hin, damit er seine Wettschulden einlöse – auf ex. „Das könnt ihr doch nicht von mir verlangen...", stammelte er verzweifelt. Doch wir anderen schauten uns nur gegenseitig an und zuckten mit den Schultern. Wettschulden seien eben Ehrenschulden und überhaupt sei das ja nicht unsere Idee gewesen. Schließlich kramte Martin mit mäßiger Begeisterung seinen Flachmann hervor und tat wie ihm geheißen, wacker Zug um Zug. Allerdings musste er nach der Hälfte absetzen und machte dabei ein ganz verzerrtes Gesicht. Der Flachmann hatte eben eine stattliche Größe und angesichts des hochentzündlichen Gemischs war es gar nicht menschenmöglich, alles auszutrinken. Deshalb wollten wir es auch nicht übertreiben und ließen es gut sein.
Martin wurde kurz darauf so locker, dass wir allmählich ein schlechtes Gewissen bekamen. Er verteilte seine Bälle über den ganzen Platz und man

konnte sein Spiel bestenfalls als unkonzentriert bezeichnen. Wenn er seinen Ball ansprach, schwankte er immer leicht vor und zurück, so dass er aussah wie einer, der nach durchzechter Nacht im Dunkeln versucht, das Schlüsselloch zu finden. Ich war immer erstaunt, wie er es fertig brachte, seine Bälle überhaupt noch zu treffen. Hinzu kam, dass die Bemerkungen, welche er ab und zu lallend von sich gab, mit Golfsport generell nicht viel am Hut hatten. Er hatte eindeutig zu wenig Blut in seinem Alkoholkreislauf.

Immerhin wurde er sehr kollegial und unterstützte seinen Kameraden Stefan, wo er nur konnte. Als wir am 18. Loch abgeschlagen hatten und in der Folge Stefans Ball nicht mehr finden konnten, meinte Martin einfach, er solle Mitte Fairway droppen – dort habe er den Ball nämlich zum letzten Mal gesehen. Da wir etwas überrascht auf diese Äußerung reagierten, erläuterte er umgehend: „Wenn ein Mitspieler gesehen hat, dass der Ball auf dem Fairway gelandet ist und eigentlich dort sein müsste, aus unerfindlichem Grund aber nicht dort ist, dann darf man trotzdem droppen, wo er sein müsste, und das Ganze ist straffrei." Natürlich war so etwas in den Regeln nirgends vorgesehen und frei erfunden. Schließlich würde ein solches Verfahren der Willkür Tür und Tor öffnen: Ich habe deinen Ball gesehen, dann hast du dafür meinen nachher auch gesehen... Sogar Stefan tat die Bemerkung als Schwachsinn ab, obwohl sie ihm zugute gekommen wäre. Hingegen war er neugierig zu wissen, was denn passieren würde, wenn er an einem so falschen Ort droppen und einfach weiterspielen würde. „Nun, weil dein Ball verloren ist, musst du gemäß Regel 27 ja zuerst einmal zurück zur Stelle deines letzten Schlags und dort mit 1 Strafschlag droppen. Wenn du das nicht tust und an einer anderen Stelle droppst, dann verstößt du gegen diese Regel und kriegst grundsätzlich 2 Strafschläge dazu. Wenn du aber hier vorne droppen würdest, dann würdest du einen so erheblichen Distanzgewinn erzielen, dass man das als schwerwiegenden Verstoß ansehen müsste, welcher die Disqualifikation nach sich zieht."

Decision 27-1/3 Ball in dem Bereich fallen gelassen und gespielt, wo der ursprüngliche Ball verloren ist

Frage: Ein Spieler, der seinen Ball nicht finden kann, lässt einen anderen Ball in dem Bereich fallen, wo sein ursprünglicher Ball verloren gegangen ist und spielt ihn. Wie ist die Regelentscheidung?
Antwort: [...] Im Zählspiel zieht er sich entsprechend Regel 27-1. die Strafe von einem Schlag und Verlust der Distanz und zusätzlich eine Strafe von zwei Schlägen für Verstoß gegen diese Regel zu. Hat es sich um einen schwerwiegenden Verstoß gehandelt, so ist der Spieler zu disqualifizieren [...]

Damit blieb Stefan nichts anderes übrig, als noch einmal zum Abschlag zurück zu gehen und mit 1 Strafschlag einen neuen Ball zu spielen.
Als wir schließlich alle am Grün lagen, war Martin mit Putten als Erster an der Reihe. Unkonzentriert, wie er war, kam er beim Ansprechen leicht an den Ball, so dass sich dieser um ein paar Zentimeter verschob. Da er keine Anstalten machte, den Ball, wie es sich gehört, zurückzulegen, wies ich ihn auf die entsprechende Regel hin und schloss: „Das kostet 1 Strafschlag."

Regel 18. Ball in Ruhe bewegt
18-2. Durch Spieler, Partner, Caddie oder Ausrüstung
a. Allgemeines

Ist der Ball eines Spielers im Spiel und

(I) der Spieler, sein Partner oder einer ihrer Caddies nehmen ihn auf oder bewegen ihn [...] oder verursachen, dass er sich bewegt [...]

so zieht sich der Spieler einen Strafschlag zu.
Der Ball muss zurückgelegt werden [...]

„Er hat sich aber nicht bewegt", behauptete nun Martin. „Natürlich hat er sich bewegt", entgegnete ich, „ich habe es ja deutlich gesehen." „Ja schon", meinte er, „fürs Auge hat sich der Ball schon bewegt, aber regeltechnisch gesehen nicht, weil ein Ball nur als bewegt gilt, wenn er eine ganze Umdrehung macht." Ich weiß nicht, wer diesen Quatsch in die Welt gesetzt hat, aber er gehört gevierteilt, gerädert, geteert und gefedert zugleich. Ich kenne keine andere Behauptung über die Regeln, welche so falsch ist und sich dennoch so standhaft in den Köpfen vieler Spieler hält. Also erklärte ich ihm, dass ein Ball bereits als bewegt gilt, wenn er sich nur um zwei Millimeter bewegt hat, und belegte ihm dies mit meinem Regelbuch.

Erklärung „Bewegen, bewegt"

Ein Ball gilt als bewegt, wenn er seine Lage verlässt und anderswo zur Ruhe kommt.

Martin zeigte sich unbeeindruckt. Während sich jeder andere Spieler fürchterlich aufgeregt hätte, legte er seinen Ball ganz kühl zurück und meinte: „Du kannst mir so viel Strafschläge geben, wie du willst, das ist mir vollkommen wurscht. Ist doch bloß ein albernes Spiel." Dann machte er einen Fünf-Putt und amüsierte sich köstlich darüber. Selbst als er nach der Runde seinen Score addierte, erfreute er sich noch bester Laune. Obwohl das wirklich kein Grund zur Freude war, denn er hatte auf den zweiten neun Löchern doppelt so viele Schläge gemacht wie auf den ersten neun. Aber ihm schien das gar nichts auszumachen, ganz im Gegenteil. So kann ich nach dieser Erfahrung nur jedem raten, dass er sich den Genuss alkoholischer Erfrischungen besser für nach der Runde aufspart. Denn unter Alkoholeinfluss spielt man nicht besser – es macht einem nur bedeutend weniger aus.

Im Wasser liegt die Ruhe

Haben Sie schon einmal auf einer Parkbank an einem Fluss gesessen und zugeschaut, wie das Wasser an ihnen vorbeizieht – unablässig und gleichmäßig. Ab und zu ein leichtes Kräuseln, aber dennoch stetig und unaufhaltsam. Man kann beobachten, wie sich an immer denselben Stellen kleine Wirbel an der Oberfläche bilden, um sich kurz darauf wieder im Strom zu verlieren. Ich könnte stundenlang zusehen. Und wenn man die Augen schließt, hört man nur ein sanftes Rauschen. Es ist enorm beruhigend. Mussten Sie auch schon einmal über einen solchen Fluss abschlagen? Fanden Sie das beruhigend?

Unglücklicherweise war es genau ein solcher Abschlag über einen Fluss, oder besser gesagt über einen Bach, wo sich ein Stau gebildet hatte. Und nun mussten wir warten, bis wir abschlagen konnten. Mein Mitspieler und ich hatten uns an das Geländer einer Brücke gelehnt und natürlich hatten wir nichts Gescheiteres zu tun, als in die vorbeiziehenden Fluten zu starren. Anfänglich war das ganz harmlos und wir dachten nichts Böses dabei. Mein Mitspieler erzählte mir sogar von seinem Leben vor dem Golf, als das Angeln noch seine größte Leidenschaft gewesen war. Das übliche Fischerlatein, nur, dass er die Größe der gefangenen Fische in Schlägerlängen angab. Er erzählte mir auch, dass Regenwürmer die viel besseren Köder seien als jene Industriemaden, welche im Fachhandel angeboten würden. Sehr appetitlich! Ich hörte ihm darauf nicht mehr zu und hing nur noch meinen eigenen Gedanken nach: Bloß nicht den Ball in dieses Wasser schlagen – irgendwo hin, bloß nicht ins Wasser!

Ich hätte meine Gedanken etwas präziser formulieren sollen, denn als ich endlich abschlagen durfte, schlug ich den Ball tatsächlich nicht ins Wasser – dafür irgendwo hin. Nun war ich gespannt, wie mein Angelfreund das Wasserhindernis überwinden würde. Gar nicht. Sein Abschlag war gerade etwas zu kurz, so dass der Ball auf der anderen Seite des Flusses irgendwo in der Böschung landete. Jeder normale Spieler hätte nun einen Strafschlag in Kauf genommen und einen neuen Ball gespielt. Nicht so mein Mitspieler mit der Schwäche für Regenwürmer: Voll Optimismus packte er seinen Wagen und steuerte auf das gegenüberliegende Ufer zu. Er war so schnell und frohgemut aufgebrochen, dass ich gar keine Gelegenheit hatte, etwas dagegen einzuwenden. Also folgte ich ihm einfach auf die andere Seite – er würde noch früh genug merken, dass seine Sucherei nichts bringen würde. Und dann wäre der Rückweg zum Glück nicht weit.

Das Ufer war dicht mit Blättern bedeckt und von seinem Ball weit und breit keine Spur. Pro forma beteiligte ich mich an der Suche und stocherte mit einem Schläger lustlos im Laub umher. Mein Mitspieler musterte mich einigermaßen erstaunt. „Darf ich das auch?“, fragte er mich. Da ich nicht verstand, was er meinte, präzisierte er: „Mit dem Schläger nach dem Ball tasten – darf ich das auch? Ich meine, weil ich doch den Boden im Wasserhindernis mit dem Schläger eigentlich nicht berühren darf.“

Regel 13-4. Ball im Hindernis

Sofern nicht in den Regeln vorgesehen, darf der Spieler, bevor er einen Schlag nach einem Ball ausführt, der in einem Hindernis ist [...], nicht [...]

b. den Boden im Hindernis oder Wasser im Wasserhindernis mit einem Schläger oder sonstwie berühren [...]

„Keine Sorge, du darfst“, entgegnete ich, „es gibt da eine Ausnahme. Wenn man nämlich den Ball unter losen hinderlichen Naturstoffen in einem Hindernis vermutet, dann darf man sehr wohl mit dem Schläger danach tasten.“

Regel 12-1. Ball suchen; Ball sehen

[...]

Ist ein Ball vermutlich von losen hinderlichen Naturstoffen oder Sand im Hindernis bedeckt, so darf der Spieler durch Tasten, Harken oder andere Mittel so viel davon fortbewegen wie erforderlich, damit er einen Teil des Balls sehen kann.

„Allerdings heißt das nicht, dass du stets beim Suchen im Hindernis mit dem Schläger herumstochern darfst. Dies ist nur erlaubt, wenn der Ball unter Laubblättern und dergleichen vermutet wird.“ Er war sichtlich erfreut und holte sich ein Eisen, mit dem er nun lustvoll im Laub nach seinem Ball – oder vielleicht auch nach Regenwürmern – herumbohrte. Plötzlich hielt er inne und schaute mich nachdenklich an: „So zu suchen ist aber riskant. Wenn ich nämlich auf den Ball stoße, ist es sehr wahrscheinlich, dass er sich bewegt.“ „Ja schon“, bestätigte ich seinen Einwand, „aber auch dafür haben die Regeln vorgesorgt: Wenn sich der Ball bewegt, legst du ihn einfach zurück, und einen Strafschlag kriegst du hier ausnahmsweise nicht.“

Regel 18. Ball in Ruhe bewegt
18-2. Durch Spieler, Partner, Caddie oder Ausrüstung
a. Allgemeines

[...]

Der Ball muss zurückgelegt werden [...] Keine Strafe zieht sich ein Spieler nach den Regeln zu, wenn er versehentlich verursacht, dass sein Ball sich bewegt, beim [...]
Suchen nach einem bedeckten Ball im Hindernis [...]

„Normalerweise gibt es ja einen Strafschlag, wenn der Spieler seinen Ball bewegt“, führte ich zu Ende, „aber wenn einem schon erlaubt wird, nach dem Ball zu tasten, muss das Bewegen auch straflos sein. Denn das Risiko, auf den Ball zu stoßen und ihn zu bewegen, ist, wie du sagst, recht hoch.“ Er war einmal mehr zufrieden und stocherte weiter.

Plötzlich entdeckte ich den Ball. Er musste die Böschung zurückgerollt sein, denn er lag genau am Flussrand, halb im Wasser. „Oh, das wird aber ein schwieriger Schlag“, bemerkte mein Mitspieler spitz, und ich nahm an, dass er scherzte. Der Ball war praktisch überhaupt nicht spielbar, es sei denn, er wollte das eine Bein ins Wasser stellen, das andere im rutschigen Hang aufsetzen und dann einen Schlag ins Wasser vollführen. Offensichtlich wollte er, denn er hatte genau diesen Stand ohne Rücksicht auf nasse Füße eingenommen. Ich rechnete mir keine Chancen aus, dass er den Ball weit bringen würde: Erfahrungsgemäß öffnet der Widerstand des Wassers das Schlägerblatt derart, dass man nur am Ball vorbeischlägt. Das sieht zwar spektakulär aus, aber bringen tut es nichts. Wie es schien, traute er sich diesen Kunstschlag aber durchaus zu, und ich beschloss deshalb, nichts weiter zu sagen und das Ereignis aus sicherer Distanz zu verfolgen. Vielleicht war er ja einer jener Golfer, die diese Schläge zu Hause in der Badewanne übten – auch ich traute ihm alles zu.

Plötzlich schaute er sich um und meinte zögerlich: „Ich nehme straflose Erleichterung.“ „Was für eine straflose Erleichterung?“, wunderte ich mich – ich

verstand die Welt nicht mehr. Im Wasserhindernis kann man den Ball zwar straflos spielen, wie er liegt, aber Erleichterung gibt es dabei im Grunde nie. „Nun", erklärte mein Mitspieler voller Zuversicht, „ich liege hier in einer Pfütze." „Pfütze?", entfuhr es mir. Ich traute meinen Ohren nicht. „Du liegst im Wasserhindernis", berichtigte ich, doch er unterbrach mich sogleich: „Siehst du die gelben Pfähle? Die begrenzen ja das Wasserhindernis. Und wenn man ihre geradlinige Verbindung nimmt, dann bin ich hier außerhalb der Grenzen des Wasserhindernisses. Also befinde ich mich in einer Pfütze."
Ich hatte dem Vortrag gespannt zugehört und realisierte nun, was er meinte: An der Stelle, wo sein Ball lag, hatte der Fluss eine kleine Einbuchtung. Und wenn man nun stur die beiden nächsten Pfähle miteinander verband, dann lag genau dieser Teil des Flusses außerhalb der durch die Markierungspfähle gezogenen Grenze. An meiner Miene musste er abgelesen haben, dass ich ihm hatte folgen können, denn voller Euphorie erklärte er mir nun: „Und weil dieses Wasser nicht Teil des Wasserhindernisses ist, muss es als zeitweiliges Wasser gelten und berechtigt somit zu strafloser Erleichterung." Es war ein hochinteressanter Ansatz. „Du hast Recht", begann ich, „Wasser, das nicht Teil eines Wasserhindernisses ist, gilt in der Regel als zeitweiliges Wasser."

Decision 25/2 Überflutung eines Wasserhindernisses

Frage: Wenn ein Teich (Wasserhindernis) überflutet ist, wäre dann das übergelaufene Wasser zeitweiliges Wasser?

Antwort: Ja. Jedes übergelaufene Wasser aus einem Wasserhindernis außerhalb der Grenzen des Wasserhindernisses ist zeitweiliges Wasser.

„Das gilt allerdings für Pfützen und Überschwemmungen oder eben für über die Ufer getretene Wasserhindernisse. Denn zeitweiliges Wasser ist per Definition immer nur zeitweilig, das heißt eine *vorübergehende* Wasseransammlung. Hier haben wir aber einen krummen Flusslauf, der unsauber markiert worden ist – es fehlt einfach ein zusätzlicher Markierungspfahl. Das ändert jedoch nichts daran, dass dieser Teil trotz allem permanent zum Wasserhindernis gehört."

Decision 26/2 Ball liegt innerhalb der natürlichen Grenze eines Wasserhindernisses, jedoch außerhalb der durch Pfosten bezeichneten Grenze

Frage: Die Pfosten, welche die Grenze eines Wasserhindernisses bezeichnen sollen, sind ungenau gesteckt worden. Dies hat zur Folge, dass ein Teil des Wasserhindernisses außerhalb der Pfosten und deshalb rein formal außerhalb des Hindernisses liegt, obwohl dieser Teil ersichtlich dazugehört. Der Ball eines Spielers kommt in diesem Bereich im Wasser zur Ruhe und der Spieler behauptet, sein Ball läge im Hinblick auf die Grenzziehung durch die Pfosten in zeitweiligem Wasser im Gelände. Stimmt diese Behauptung?

Antwort: Nein. Der Spielleitung ist zwar ein Fehler unterlaufen, als sie die Grenze des Wasserhindernisses nicht korrekt festgelegt hat, wie dies nach Regel 33-2.a. erforderlich ist; jedoch ist ein Spieler nicht berechtigt, aus einem solchen Fehler Vorteile für sich zu ziehen. Die Forderung des Spielers ist nicht gerechtfertigt, da der Bereich, in dem der Ball des Spielers liegt, klar ersichtlich innerhalb der natürlichen Grenze des Wasserhindernisses ist.

Selbst wenn die gedachte Linie zwischen den Markierungspfählen eine andere Grenze ergibt, gilt ein Ball als im Wasserhindernis, wenn er sich offensichtlich innerhalb des Wasserlaufs befindet.

„Mit anderen Worten: Dein Ball liegt im Wasserhindernis, selbst wenn dies durch die Pfosten nicht klar ersichtlich ist.“ Er war noch eine ganze Weile nicht einverstanden und beharrte darauf, dass allein die Markierungspfähle ausschlaggebend seien, ansonsten könnte man sie ja gleich alle weglassen. Irgendwann musste er es aber dennoch eingesehen haben, denn er stieg brummelnd wieder in den Fluss hinab, mit dem Vorsatz, seinen Ball herauszuschlagen. Ich konnte kaum hinsehen, so krumm und schief war der Stand, den er einnehmen musste. Dann schlug er tatsächlich drauf, und das Wasser spritzte in alle Richtungen, dass sogar ich etwas abbekam. Genau genommen hatte ich sogar einiges abbekommen, und es war nicht Wasser, sondern Schlamm. Er hatte beim Schlag das halbe Ufer mitgenommen. Ich blickte an mir herab und erkannte ein interessantes Muster auf meinen Kleidern, das kurz zuvor noch nicht dort gewesen war. Doch gegen meinen Mitspieler war das gar nichts. Bei ihm hing die klebrige Masse in den Haaren, im Gesicht – eigentlich überall. Sein Anblick erinnerte mich an meine frühe Kindheit und die Besuche im Streichelzoo, wo mir ein Gehege jeweils besonders gefallen hatte: Der Schweinestall.
Hinzu kam, dass die ganze Mühe umsonst gewesen war, denn der Ball lag unweit seiner ursprünglichen Stelle immer noch im Hindernis: Er war gerade einmal 20 Zentimeter weit die Böschung hinauf gekom-

men. Mein Mitspieler war offensichtlich noch nicht müde, denn wild entschlossen säuberte er seinen Schläger vom Schlamm und machte sich daran, seinen Stand neuerlich einzunehmen, um dem Ball den nächsten Hieb zu verpassen. Da ich sein Vorhaben für aussichtslos hielt, erlaubte ich mir, ihn darauf aufmerksam zu machen, dass es noch vielversprechendere Möglichkeiten gab: „Du kannst nach wie vor nach der Wasserhindernisregel vorgehen und mit einem Strafschlag droppen. Dann könntest du auf der Verlängerung der Linie vom Loch zum Kreuzungspunkt, das heißt dem Punkt, wo der Ball zuletzt ins Wasser gegangen ist, so weit zurück, wie du möchtest. Oder du kannst an der Stelle des letzten Schlags droppen. Weil das aber hier im Wasserhindernis wäre, darfst du auch zu der Stelle zurück, wo du den letzten Schlag *außerhalb* des Wasserhindernisses gemacht hast – sprich zurück zum Abschlag."

Regel 26-2. Ball im Wasserhindernis gespielt

a. Ball kommt in dem Hindernis zur Ruhe

Kommt ein innerhalb eines Wasserhindernisses gespielter Ball nach einen Schlag in demselben Hindernis zur Ruhe, so darf der Spieler:

(I) nach Regel 26-1. verfahren; oder

(II) mit einem Strafschlag

einen Ball so nahe wie möglich der Stelle spielen, wo der letzte Schlag außerhalb des Hindernisses gespielt wurde [...]

Es interessierte ihn wenig. Er war viel zu schmutzig, um jetzt aufzugeben. Also quittierte er meine Ratschläge mit einem tiefen Grunzen und schlug erneut so fest auf seinen Ball, wie er nur konnte. Der flog diesmal auch weit, allerdings so unkontrolliert, dass mir dazu nur ein Buchtitel von Hemingway einfiel „Über den Fluss und in die Wälder". „Da brauchen wir gar nicht erst zu suchen", kommentierte mein Mitspieler seine Leistung. „Also gut, dann gehe ich halt doch zum Abschlag zurück." „O.k.", meinte ich, „das kostet dich jetzt aber zwei Strafschläge." „Wieso zwei?", kam prompt zurück. „Nun, weil dein Ball verloren ist, und du bei einem verlorenen Ball erst mal mit einem Strafschlag an der Stelle des letzten Schlags spielen musst. Das wäre hier in der Böschung. Dann kannst du aber die Wasserhindernisregel anwenden und mit einem weiteren Strafschlag außerhalb des Wasserhindernisses droppen, macht im Ganzen zwei Strafschläge."

Regel 26-2. Ball im Wasserhindernis gespielt

b. Ball außerhalb des Hindernisses verloren oder unspielbar oder Ball im Aus

Ist ein innerhalb eines Wasserhindernisses gespielter Ball außerhalb des Hindernisses verloren oder für unspielbar erklärt, oder ist er im Aus, so darf der Spieler, nachdem er die Strafe von einem Schlag nach Regel 27-1. oder 28.a. auf sich genommen hat,

[...]

(III) einen weiteren Strafschlag hinzurechnen und einen Ball so nahe wie möglich der Stelle spielen, an der der letzte Schlag außerhalb des Hindernisses gespielt wurde [...]

„Dein nächster Schlag vom Abschlag ist somit der Sechste..." „Schöne Schweinerei!", brummte er darauf und ich nickte, wobei ich mir nicht sicher war, ob er damit seinen Score oder sein Aussehen meinte. Vermutlich beides. Tropfend machte er sich auf den Rückweg zum Abschlag. Er wäre besser zum Angeln gegangen.

Ein Mulligan kommt selten allein

Vor kurzem spielte ich Golf mit einem Verwandten. Dies, obwohl ich in aller Regel meinen Verwandten, was Golf angeht, abzusagen pflege oder sie wenigstens so lange hinhalte, bis sie von selbst aufgeben. Doch dieser eine war hartnäckig geblieben. Als ich schließlich alle Ausreden aufgebraucht hatte, war es unvermeidlich gewesen, dass wir uns auf eine Runde verabredeten.

Nun muss ich hier anfügen, dass es oftmals weniger an der Person meiner Verwandten liegt, dass ich nicht unbedingt mit ihnen spielen will, sondern vielmehr damit zu tun hat, dass ich eine sehr weit verzweigte Verwandtschaft habe. Mein Urgroßvater spielte zwar nicht Golf, aber er hatte offenbar auch sonst nicht viel zu tun, denn er zeugte im Laufe seines Lebens die stolze Zahl von 82 Söhnen (über die Töchter ist leider nichts bekannt). Wahrscheinlich hing das mit der eigenwilligen Berufsklasse zusammen, welcher er angehörte: Er war König. Wie auch immer, die umfangreiche Verwandtschaft bringt es mit sich, dass ich, wenn ich mit jedem Verwandten einmal im Jahr spielen würde, an gewissen Tagen sogar zwei Runden bestreiten müsste und meinen Job an den Nagel hängen könnte. Deshalb sage ich kategorisch ab. Hinzu kommt, dass mir gewisse Verwandte gar nicht ähnlich sind – zum Beispiel was meine Begeisterung und mein Verständnis für die Regeln angeht. Und das wiederum birgt ein nicht zu unterschätzendes Konfliktpotenzial, welches unter Verwandten

ohnehin schon latent vorhanden ist. Aber nun war ich eben zu diesem Golfmatch verabredet und nahm mir vor, das Beste daraus zu machen.
„Wir wollen zocken", sagte mir mein Verwandter bereits am Telefon immer und immer wieder, und da er offensichtlich sehr großen Wert darauf legte, wagte ich nicht, ihm zu widersprechen. Persönlich lege ich nicht viel Wert aufs Zocken; um ehrlich zu sein, mag ich überhaupt nicht zocken. Aber wenn ich schon mit diesem Verwandten zu spielen hatte, dachte ich, kam es darauf auch nicht mehr an. Und es kam auch nicht darauf an, dass er nicht etwa $^3/_4$ oder $^7/_8$ seines Handicaps angerechnet haben wollte, nein, volles Handicap natürlich. Dabei durfte ich mich noch glücklich schätzen, denn ich habe auch schon von Verwandten gehört, welche eineinhalbfache oder sogar doppelte Vorgabe verlangen. Ich schlug ein und wir machten fünf Franken pro Loch aus.
Am ersten Abschlag kramte ich eine Münze aus meinem Golfbag, um die Ehre auszulosen. Im Matchplay wird nämlich um die Ehre gelost, so wollen es die Regeln.

Regel 10. Spielfolge

10-1. Lochspiel

a. Abschlag

Am ersten Abschlag ergibt sich die Ehre einer Partei aus der Aufstellung [Anm. des Autors: Damit ist die Startliste gemeint]. Fehlt es an einer Aufstellung, so sollte um die Ehre gelost werden.

Allerdings hatte mein Verwandter zu meinem Erstaunen seinen Ball bereits aufgeteet. Noch bevor ich etwas sagen konnte, wünschte er mir ein schönes Spiel und machte sich daran, seinen Stand einzunehmen. Ich dachte mir also, was soll's, und ließ meine Münze wieder verschwinden. Dann schlug er geradewegs ins Aus.
Als ich das Tee betrat, um selbst abzuschlagen, meinte er: „Moment, ich schlag noch mal!" Dann fügte er etwas vorwurfsvoll an: „Spielen wir nicht mit Mulligan oder was?" Ah, ja klar, wie unaufmerksam von mir, natürlich, ein Mulligan. Ich machte mich wieder ans Warten. Nach dem Mulligan folgte ein zweiter und schließlich brachte mein lieber Verwandter seinen dritten Ball aufs Fairway. Der erste Ball auf dem Fairway zählt, durfte ich mich später belehren lassen, quasi „first in" – wie beim Tennis. Dank den Mulligans, welche sich mein Gegner großzügigerweise selbst gewährt hatte, schrieb er am Ende des ersten Lochs ein Bogey und weil er zwei Schläge vor hatte, heimste er prompt das Loch ein. Dies, obwohl ich Par gespielt hatte.
Mein neuer Lieblingsverwandter war nun, als Gewinner des letzten Lochs, an der Reihe abzuspielen. Da er keine entsprechenden Anstalten machte, wies ich ihn darauf hin. „Nein, du bist an der Reihe", konterte er, „du hast schließlich Par gespielt." Ich erklärte ihm, dass es nicht darauf ankäme, wer das niedrigere Resultat erzielt hat. „Im Matchplay hat

stets derjenige Spieler die Ehre, welcher das vorhergehende Loch gewonnen hat. Da wir netto spielen, ist dies unabhängig von der Brutto-Schlagzahl."

Regel 10. Spielfolge

10-1. Lochspiel

a. Abschlag

[...]

Die Partei, die ein Loch gewinnt, muss am nächsten Abschlag die Ehre nehmen.

Es half nichts. Er weigerte sich standhaft, die Ehre zu nehmen. Weil ich fürchtete, dass die Runde so nie ein Ende nehmen würde, beschloss ich nachzugeben. Ich kann nicht behaupten, dass ich sehr entspannt war. Mir blitzten Erinnerungen an meinen Urgroßvater durch den Kopf, welcher angeblich unliebsame Familienmitglieder kurzerhand hatte enthaupten lassen. Vermutlich waren es diese inneren Bilder, welche mich meinen Schläger so fest halten ließen, dass ich nur einen scheußlichen Hacker fertig brachte: Mein Ball verschwand rechts im hohen Gras. Immerhin flog die Kugel meines Verwandten daraufhin in genau dieselbe Richtung und ich muss zugeben, dass meine Schadenfreude nicht unwesentlich war. Noch während sein Ball in der Luft war, marschierte ich laut palavernd los, um ihm keine Gelegenheit zu geben, einen Mulligan oder sonst eine Erfindung anzukündigen.

Unsere Bälle lagen beide schlecht, doch ich war froh, dass wir sie im dichten Klee überhaupt gefunden hatten. Mehr schlecht als recht hackten wir wieder Richtung Fairway und nach einigen Mühen erreichten wir schließlich das Grün. Gerade als ich meinen Ball markieren wollte, stürzte mein Verwandter auf mich zu. „Halt, stopp, das ist nicht dein Ball. Deiner ist der andere!“, rief er aus. Ich betrachtete nun den Ball und stellte fest, dass es sehr wohl der meinige war. „Das ist mein Ball, denn es steht mein Monogramm drauf“, klärte ich meinen Mitspieler auf. „Aber wem gehört dann der andere?“, meinte er nun. Der andere Ball sei ein Maxfli, er habe aber mit einem Nike-Ball abgeschlagen. „Tja“, zuckte ich mit den Schultern, „dann wirst du deinen Ball wohl im Klee verwechselt haben. Sorry, aber du verlierst damit das Loch.“ Ich jubilierte innerlich.

Regel 15. Falscher Ball [...]
15-2. Lochspiel

Spielt ein Spieler, außer in einem Hindernis, einen Schlag mit einem falschen Ball, so ist die Strafe Lochverlust. [...]

Natürlich war er überhaupt nicht einverstanden, doch als er merkte, dass ich nicht weich wurde, markierte er die beleidigte Leberwurst. „Also wenn du mich für so etwas bestrafen willst, dann ist das total daneben“, rief er aus. „Schließlich bin ich schon genug gestraft, dass ich meinen schönen neuen Nike-

Ball verloren habe." Ich zuckte immer noch mit den Schultern und er versuchte einen neuerlichen Anlauf: „Zudem kann ich nichts dafür. In diesem blöden Klee kann es jedem passieren, dass er seinen Ball verwechselt. Es war ja keine Absicht." Ich wurde allmählich ungeduldig: „Wenn du ins Wasser spielst, tust du das ja auch nicht mit Absicht und kannst nichts dafür. Und doch kriegst du einen Strafschlag." „Das ist etwas anderes", entgegnete er, doch als er bemerkte, dass ich nur unentwegt meinen Kopf schüttelte, rief er endlich aus: „Hör mal zu, das ist einfach nicht fair, schließlich sind wir verwandt, verstehst du?!" Gar nichts verstand ich. „Und unter Verwandten wie überhaupt in freundschaftlichen Runden gelten gewisse Regeln und gewisse gelten eben nicht. Und das mit dem falschen Ball gilt beispielsweise nicht." So etwas Unerhörtes hatte mir zuvor noch niemand gesagt. Ich konterte: „Ach, und woher um alles in der Welt soll ich dann bitteschön wissen, welche Regeln überhaupt noch gelten?" Dies brachte nun ihn wiederum aus der Fassung: „Das ist ein ungeschriebenes Gesetz, das kennt doch jeder!" Nur ich kannte es offenbar nicht. Mein Verwandter war inzwischen so außer sich, dass ich es für besser hielt, mich seinem seltsamen Gesetz zu unterwerfen. Ich konnte mir nur zu gut ausdenken, dass diesem Gesetz zufolge einfach jene Regeln keine Geltung hatten, welche meinem Verwandten zum Nachteil gereichten. „Mach, wie du willst“, meinte ich resigniert und widmete mich meinem anstehenden Putt. Obwohl mein Ball mehr als einen Meter zu kurz blieb, schenkte mir mein Verwandter den nächsten Schlag. Offenbar hatte er nun doch ein etwas schlechtes Gewissen.

Regel 2. Lochspiel

2-4. Schenken von nächstem Schlag [...]

Ist der Ball des Gegners zur Ruhe gekommen [...], so darf der Spieler dem Gegner den nächsten Schlag als eingelocht schenken, und es darf jede Partei den Ball mit einem Schläger oder sonstwie entfernen.

[...]

Schenken von Schlag, Loch oder Lochspiel darf weder zurückgewiesen noch widerrufen werden.

Da der Ball aber doch noch einige Distanz vom Loch entfernt liegengeblieben war, beschloss ich, übungshalber fertig zu spielen, und verschob in der Hast prompt den Putt. „Nun muss ich dir doch zwei Schläge zählen“, meinte daraufhin mein Gegner. Ich schaute ihn verdutzt an, und er führte aus: „Du hättest mein Geschenk sofort annehmen müssen. Wenn du trotzdem weiterspielst und verfehlst, dann gilt das Geschenk nicht mehr, und alle weiteren Schläge zählen.“ „Nein“, entgegnete ich bestimmt, „geschenkt ist geschenkt.“

Decision 2-4/6 Fertigputten, nachdem der Schlag geschenkt worden war

Regel 2-4. behandelt nicht die Frage, ob ein Spieler das Loch noch beenden darf, nachdem ihm sein nächster Schlag geschenkt wurde. Ein Spieler zieht sich keine Strafe zu, wenn er nach dem Schenken das Loch noch beendet. [...]

Schließlich kamen wir an ein Loch, das höchst seltsam angelegt ist: Es ist ein Dogleg, das sehr bald nach dem Abschlag um die Ecke geht, so dass der Spieler entweder schon mit einer gewaltigen Linkskurve abschlagen muss oder aber ein kurzes Eisen an jene Stelle spielt, wo das Fairway den Knick macht. Dazu muss man sagen, dass dieses Loch ursprünglich anders geplant war. Doch Vertreter des Naturschutzes hatten herausgefunden, dass der geplante Abschlag in der Anflugschneise eines seltenen Vogels lag, und in der Folge musste man das Loch auf seinen heutigen Verlauf abändern. Wann fangen Naturschützer endlich an, auch Golf zu spielen?

Da ich die Kurve kriegte, während mein Verwandter sich mit kurzen Eisen langsam vorankämpfte, lag ich auf dem Grün schließlich mit der Chance, mein erstes Loch zu gewinnen. Doch ausgerechnet auf meiner Puttlinie hatten sich zwei Enten niedergelassen. Natürlich versuchte ich, sie kurzerhand zu verscheuchen, doch zu meinem großen Erstaunen rastete der Enterich völlig aus: Laut quakend und flügelschlagend kam er auf mich zu, sodass ich prompt vom Grün rannte. Er hatte mich so überrumpelt, dass es ihm gelungen war, mich zu vertreiben. Dann setzte er sich wieder an die alte Stelle, neben seine zufrieden dreinschaunde Entengattin. Nachdem ich erleichtert war, diesen Angriff überstanden zu haben, brach nun mein Verwandter über mich herein: „Sag mal spinnst du, lass doch die armen Enten in Ruhe. Du bist vielleicht einer!" Ich kam mir vor wie ein kleiner Schuljunge. Durfte man jetzt keine Enten mehr verjagen? Egal, dachte ich, ich würde einfach aufs Loch zuputten und die Enten würden sich dann schon verziehen, wenn der Ball heranrollte. Und wenn nicht, so wäre das auch nicht weiter schlimm, denn der Schlag müsste einfach wiederholt werden, so lange, bis er keine Ente mehr trifft.

Regel 19. Ball in Bewegung abgelenkt oder aufgehalten

19-1. Durch nicht zum Spiel Gehöriges

Wird ein Ball in Bewegung zufällig durch etwas abgelenkt oder aufgehalten, das nicht zum Spiel gehört, so gilt dies als Spielzufall, ist straflos, und der Ball muss gespielt werden wie er liegt, ausgenommen:

[...]

b. wird ein Ball in Bewegung nach einem auf dem Grün gespielten Schlag durch nicht zum Spiel Gehöriges abgelenkt oder aufgehalten, das sich bewegt oder lebt, ausgenommen einen Wurm oder ein Insekt [...], so müssen der Schlag für ungültig erklärt, der Ball zurückgelegt und der Schlag wiederholt werden.

Und sollte die Ente meinen Ball irrtümlich für ein Ei halten und ausbrüten wollen, so wäre mir dies auch egal, denn sogar dafür haben die Regeln vorgesorgt.

[...]
Ist der Ball nicht sogleich wieder zu erlangen, so darf er durch einen anderen Ball ersetzt werden.

Als ich mich daran machte, zu putten, hielt mich aber mein Verwandter zurück: „He", rief er, „du zielst ja auf die Enten. Spinnst du? Was bist du denn für ein Tierquäler, jetzt lass doch die Enten zufrieden." Auf Anweisung meines Verwandten puttete ich schließlich im Dogleg um die Enten herum – und verlor auch dieses Loch.
Am Ende der Runde hatte mich mein lieber Verwandter dank unzähliger Mulligans sowie etlicher Spezialregeln um sage und schreibe acht Löcher abgezockt. Zähneknirschend gab ich ihm die 40 Franken. Die einzige Hoffnung, die mir blieb, war, dass sich das vielleicht eines Tages wohlwollend in seinem Testament niederschlagen würde.

Einmal Handicap bitte!

Vor nicht allzu langer Zeit war ich in der Toskana eingeladen. Irgendein Amerikaner italienischer Abstammung hatte dort auf dem Land seiner Vorfahren ein Luxushotel hingeklotzt und einen 18-Loch-Championchip-Course dazugebaut. Und um sein Resort weitherum bekannt zu machen, hatte er nun alle Golf-Journalisten Europas eingeladen, damit sie sein Werk bestaunen mögen und dann schreiben, was für eine glanzvolle Anlage er da habe und wahrscheinlich auch was für ein toller Hecht er sei. Das Programm war sorgfältig erstellt worden: Anreise am Abend, dann Transfer zum Familiengut des Gastgebers und Übernachtung im alten Spukschloss – es sollte wohl die Spannung steigern, wenn wir erst am nächsten Tag zum neuen Hotel gebracht würden, wo wir die zweite Nacht verbringen sollten.

Da der Flug mehrere, für Mailand anscheinend übliche, Stunden Verspätung hatte, trafen wir erst weit nach Mitternacht am Schloss ein. Unser aufmerksamer Gastgeber war aber wach geblieben, um uns persönlich auf unsere Zimmer bringen zu können. In meinem hatte, glaube ich, seit 400 Jahren niemand mehr übernachtet. Und seither war es auch kaum gereinigt oder gelüftet worden – wozu auch? Ich war zu müde, als dass es mir etwas hätte ausmachen können. Allerdings hatte ich Hunger und erlaubte mir, den Gastgeber darauf aufmerksam zu machen. „Hunger?", meinte der fassungslos. Daran hatte er nun wirklich nicht gedacht. Das Schloss habe keine Küche, nur eine Feuerstelle, denn es sei eigentlich nicht bewohnt und nur für heute Nacht hergerichtet worden – sozusagen als besondere Attraktion. Tolle Attraktion, dachte ich. Klotzt eine Fünfsterne-Herberge mit 24-Stunden-Zimmerservice irgendwo zwischen Florenz und Pisa hin, quartiert uns dann aber in einem Kerker ein und lässt uns verhungern. Offenbar konnte er Gedanken lesen, denn er fuhr mich sogleich an, ich solle schlafen – wer schläft, braucht nichts zu Essen! Das habe schon seine Großmutter immer gesagt. Dann ließ er mich stehen und schlug die Tür hinter sich zu.

Am nächsten Morgen gab es auch nichts zu Essen. Nicht einmal auf dem Golfplatz, zu dem man uns gekarrt hatte. Anscheinend waren wir spät dran und sollten deshalb erst einmal 18 Loch absolvieren. Ich sagte schon lange nichts mehr und begab mich missmutig zum Abschlag.

Der erste Flight bestand aus dem Hotelier und mir. Weiß der Teufel, wieso er sich ausgerechnet mich als Flightpartner ausgesucht hatte und weshalb wir bloß zu zweit vorne weg spielen sollten, aber es war nun mal so. Auf die Frage, was er eigentlich für ein Handicap habe, antwortete er mit 22 bis 24, womit mir klar war, dass er gar keines hatte. Als ich etwas weiter bohrte, durfte ich dann vernehmen, dass er bisher eigentlich gar nie Golf gespielt hatte, denn er hatte sich stets geschworen, erst mit Golf anzufangen, wenn er über einen eigenen Golfplatz verfüge. Und der sei erst vor einer Woche fertig geworden. Aber er habe mal ein bisschen auf der Driving Range gespielt und der Pro habe dort seine Schläge hochgerechnet, was ihn zu einem Handicap von ungefähr etwas über 20 habe kommen lassen – interessant!

Er spielte, wie ich es erwartet hatte. Schlechter wäre auch nicht möglich gewesen. Sein Verbrauch an Schlägen und Bällen am ersten Loch war gewaltig. Genauso gewaltig war mein Erstaunen, als er nach dem Einlochen sagte: „Schreib mir eine Fünf." „Eine was?", entfuhr es mir. „Eine Fünf", wiederholte er dreist, während ich nur den Kopf schüttelte. Er feilschte dann noch eine Weile erfolglos um eine Sechs und eine Sieben, aber ich stellte sehr bald klar: „Einen Strich kannst du haben!" Damit war er ganz und gar nicht einverstanden, ich aber verzog keine Miene. Beinahe etwas verzweifelt erklärte er dann, dass er doch heute mit mir sein Handicap habe spielen wollen und mit einem Strich könne er sein Total und damit sein Handicap nicht ausrechnen. „Doch", entgegnete ich, „für die Berechnung des Handicaps wird sowieso jedes Resultat in Stableford-Punkte umgewandelt und deshalb ist es völlig unproblematisch, wenn du ein oder mehrere Löcher streichst."

EGA HANDICAP REGLEMENT

Grundlage der Methode: Stableford

Alle Qualifying Scores müssen in Stableford-Punkte umgerechnet werden.

Am nächsten Abschlag merkte ich ihm förmlich an, dass er die verpassten Punkte vom ersten Loch wieder wettmachen wollte. Er konzentrierte sich äußerst intensiv, verfehlte den Ball aber komplett. Und als ob das nicht schon schlimm genug gewesen wäre, machte er daraufhin gleich noch einen Luftschlag. Ich meine o.k., er hatte mir ja gesagt, dass er einen schweren Platz habe, aber dass er so schwer sein würde, hatte ich trotz allem nicht erwartet. Schließlich traf er den Ball doch noch und schlug ihn rechterhand eine Böschung hinunter. Auf mein Anraten schlug er einen provisorischen Ball hinterher.

Glücklicherweise brauchten wir nicht lange zu suchen und fanden den Ball im Abhang, wenngleich er praktisch unspielbar zwischen großen Grasbüscheln lag. Er werde wohl besser mit dem provisorischen Ball weiterspielen, bemerkte mein Gastgeber, der liege hier doch etwas gar schlecht. „Bedaure, aber das ist nach den Regeln nicht zulässig“, erläuterte ich, „sobald der ursprüngliche Ball auf dem Platz gefunden wird, kann mit dem provisorischen Ball in keinem Fall mehr weitergespielt werden.“

Regel 27-2.c. Provisorischen Ball aufgeben

Ist der ursprüngliche Ball weder verloren noch im Aus, so muss der Spieler den provisorischen Ball aufgeben und das Spiel mit dem ursprünglichen Ball fortsetzen. [...]

Er war meinen Ausführungen erstaunt gefolgt und starrte nun ziemlich ratlos in die Gegend. Ich erlaubte mir deshalb einen kleinen Tipp: „Du kannst deinen Ball aber für unspielbar erklären. Dann darfst du mit einem Strafschlag innerhalb von zwei Schlägerlängen droppen, auf der Verlängerung der Linie vom Loch zum Ball zurück oder noch mal zurück zum Abschlag."

Regel 28. Ball unspielbar

Der Spieler darf seinen Ball überall auf dem Platz für unspielbar erklären, außer der Ball ist in einem Wasserhindernis. [...]
Hält der Spieler seinen Ball für unspielbar, so muss er unter Hinzurechnung einer Strafe von einem Schlag

a. einen Ball so nahe wie möglich der Stelle spielen, an der der ursprüngliche Ball zuletzt gespielt wurde [...]
b. einen Ball nicht näher zum Loch innerhalb zweier Schlägerlängen von der Stelle, an der er lag, fallen lassen; oder
c. einen Ball in beliebiger Entfernung hinter dem Punkt, wo der Ball lag, fallen lassen, wobei dieser Punkt auf gerader Linie zwischen dem Loch und der Stelle liegen muss, an der der Ball fallen gelassen wird [...]

In der unglücklichen Lage, in welcher sein Ball lag, kam eigentlich nur in Frage, noch einmal zurückzugehen. Auch er hatte das realisiert, denn er blickte nun missmutig zum Abschlag zurück und ich konnte ihm ansehen, wie wenig Lust er hatte, noch einmal zurückzulaufen. „Du kannst natürlich auch einfach versuchen, den Ball zu spielen, nur ob sich das lohnt, ist die andere Frage." In seinem Gesicht spiegelte sich noch immer keine Begeisterung und ich fügte deshalb an: „Am besten wird sein, ich lasse dich in Ruhe überlegen und gehe inzwischen meinen eigenen Ball spielen." Dies gesagt, kletterte ich die Böschung wieder hinauf.

Kaum war ich jedoch oben angekommen, flog auch schon ein Ball über meinen Kopf hinweg und landete Mitte Fairway. Dann kam der Schlossherr die Böschung heraufgekraxelt und strahlte über das ganze Gesicht, als er seinen Ball Mitte Fairway liegen sah. „Toller Schlag, was?", rief er aus. „Wie hast du denn das geschafft?", erkundigte ich mich ungläubig. „Ich habe einfach auf gut Glück draufgehauen – wie du gesagt hast", sprudelte er hervor, aber ich unterbrach ihn sogleich, denn mir war etwas aufgefallen: Er hatte keinen Schläger in der Hand. Wir hatten unsere Ausrüstung am Fairwayrand abgestellt, uns ohne Schläger in der Böschung auf die Suche gemacht und nun kam er, noch immer ohne Schläger, die Böschung herauf und gab vor, in der

Zwischenzeit einen Schlag gemacht zu haben. Er strahlte noch immer, während ich eine erste Hitzewallung bekam. „Mit welchem Eisen hast du denn geschlagen?“, erkundigte ich mich. „Eisen?“ Er machte wilde Handbewegungen und bemerkte nun selbst, dass er keinen Schläger bei sich hatte. Dann versuchte er zu seinem Wagen zu gelangen, doch ich versperrte ihm geschickt den Weg. „Was für ein Eisen? Irgendein Eisen halt!“, schrie er mich plötzlich an. Es war grotesk. Wir blickten uns an und er meinte: „Wen interessiert schon, was für ein Eisen ich geschlagen habe.“ Dann rempelte er mich an, packte seinen Wagen und marschierte beleidigt davon. Natürlich notierte ich ihm einen weiteren Strich. Ich selbst war so aufgebracht, dass ich in der Folge keinen Ball mehr traf. Auch drei Löcher später hatte ich mich noch kein bisschen beruhigt und so war es nicht verwunderlich, dass ich meinen Drive nach links hinter eine kleine Hütte verzog, die sich als WC-Häuschen entpuppte. Da ich im Schwung behindert war, suchte ich nun den nächsten Punkt, wo ich von der Hütte frei stehen und schwingen konnte, und maß eine Schlägerlänge ab. „Was machst du da?“, wollte mein neuer Freund wissen. „Ich nehme Erleichterung“, erklärte ich trocken und verwies ihn auf Regel 24. Weil ich keine Lust auf lange Diskussionen hatte, hielt ich ihm einfach mein Regelbuch hin.

Regel 24-2. Unbewegliches Hemmnis

a. Behinderung

Behinderung durch ein unbewegliches Hemmnis ist gegeben, wenn ein Ball darin oder darauf oder so dicht dabei liegt, dass die Standposition des Spielers oder der Raum seines beabsichtigten Schwungs durch das Hemmnis beeinträchtigt sind. [...]

b. Erleichterung

[...]

(I) Im Gelände: Liegt der Ball im Gelände, so muss der nächstgelegene Punkt der Erleichterung festgestellt werden [...] Der Spieler muss den Ball aufnehmen und ihn innerhalb einer Schlägerlänge vom nächstgelegenen Punkt der Erleichterung und nicht näher zum Loch [...] fallen lassen [...]

Das war geradezu grobfahrlässig gewesen, denn er vertiefte sich nun mehrere Minuten in die Lektüre der betreffenden Regel und stieß dabei auch auf die Definition von unbeweglichen Hemmnissen – und ihre Ausnahmen.

Erklärung „Hemmnisse“

Hemmnis ist alles Künstliche [...] ausgenommen

a. Gegenstände zum Bezeichnen des Aus wie Mauern, Zäune, Pfosten und Geländer;

b. jeder im Aus befindliche Teil eines unbeweglichen künstlichen Gegenstands; und

c. jede von der Spielleitung zum Bestandteil des Platzes erklärte Anlage [...]

Vor allem Punkt c. hatte es ihm angetan, wo erwähnt wird, dass per Local Rule gewisse Hemmnisse als integrierter Bestandteil des Platzes erklärt werden können. Kurzerhand meinte er: „Das WC-Häuschen gehört zum Platz, und du musst deinen Ball spielen, wie er liegt." „Wo steht das?", fragte ich interessiert, denn in den Platzregeln auf der Scorekarte stand nichts Derartiges. „Es steht zwar nirgends", kam prompt zurück, „aber es ist so, glaub mir." Da ich ihn zweifelnd anschaute, setzte er obendrauf: „Mein Platz, meine Platzregeln – capito?!"
Er hatte es so endgültig formuliert, dass ich vor allem eines kapiert hatte: Es gab nichts mehr zu diskutieren. Also gab ich mich geschlagen und respektierte seine Platzregel. Er war zwar unsportlich, aber immerhin war er einigermaßen geistreich.
Nach neun Löchern kamen wir wieder am Clubhaus vorbei, und ich hatte Hoffnung, endlich etwas zu knabbern zu bekommen. Doch mein Flightchef drängte mich zum Weiterspielen. In Anlehnung an seine Großmutter meinte er: „Wer Golf spielt, braucht nichts zu Essen." Natürlich wurden auch die zweiten Neun eine Katastrophe.
„Und?", fragte der Hotelbesitzer am Ende der Runde ungeduldig und meinte damit das von ihm erspielte Handicap. Da ich nur mit den Schultern zuckte, wies er mich an, unverzüglich die Scorekarte auszuwerten. Es gab nicht viel zu rechnen. Ich war ratlos, was ich sagen sollte und fürchtete, dass, wenn ich

ihm die Wahrheit sagte, es wieder nichts zu essen gäbe und wir gleich noch mal auf den Platz gehen müssten, um einen neuen Versuch zu starten. Also begnügte ich mich mit der Aussage: „Wer einen eigenen Golfplatz hat, braucht kein Handicap – das hat meine Großmutter schon immer gesagt."

Partner gesucht

Mein Golffreund Urs und ich haben, soweit ich mich zurückerinnern kann, alle Teamwettspiele gemeinsam bestritten. Das ging auch immer ganz gut – mehr oder weniger. Doch zuletzt spielten wir zusammen ein Greensome, bei dem man zwei Drives zur Auswahl hat und anschließend abwechselnd schlägt. Ich hatte an jenem Tag so eine miserable Form, dass ich alle unsere Bälle in Bunkern und Büschen versteckte, von wo aus sie Urs dann jeweils wieder hervorhacken musste. Danach war er so sauer gewesen, dass ich ihm als Entschuldigung im Proshop ein Buch kaufen musste: „Schwierige Lagen".

Und nun flatterte mir erneut eine Einladung für ein Teamwettspiel ins Haus. Diesmal war es sogar ein klassischer Vierer, was eine noch heiklere und schwierigere Form des Partnergolf ist: Die beiden Spieler eines Teams schlagen immer abwechselnd, sogar von den Abschlägen – einer schlägt an allen geraden Löchern ab und der andere an allen Löchern mit ungerader Zahl. Das macht es noch einmal schwieriger, ins Spiel zu kommen.

Ich dachte deshalb, dass es gar keinen Sinn hätte, Urs zu fragen, ob er vielleicht Lust hätte mitzumachen. Weil die Ausschreibung aber so vielversprechend klang, rief ich ihn dennoch an. Und prompt meinte er, das sei eine hervorragende Idee,

ich solle uns gleich anmelden. Offenbar hatte er das Buch inzwischen gelesen und wollte das Erlernte in die Praxis umsetzen. Selber schuld!
Unsere Mitspieler waren eine höchst interessante Paarung. Der eine hieß Freddy und der andere stellte sich als Erwin oder Jimmy vor. Wir sollten wählen. Ich fragte mich noch, was das eine mit dem anderen zu tun haben könnte, aber da mein Partner sich schon für Jimmy entschieden hatte, hielt ich es für einfacher, mich ebenfalls diesem Namen anzuschließen. Wir wären ja sonst auch ein Fünfer-Flight gewesen, was die Etikette bekanntlich nicht zulässt.
Am ersten Loch schlugen Freddy und ich ab, womit klar war, dass an allen geraden Löchern jeweils Jimmy und Urs die Ehre hatten. Während 16 Löchern hatten wir dann eine ganz nette, wenn auch unspektakuläre Runde. Doch an der 17, einem kurzen Par 3, liefen wir endlich zur Höchstform auf. Eine kleine Tafel am Abschlag hatte uns angespornt: „Nearest to the Pin". Freddy schlug seinen Ball etwa einen Meter ans Loch, worauf es mir gelang, ihn sogar noch zu übertreffen und den meinen wirklich tot an die Fahne zu setzen. Unsere beiden Partner waren natürlich hocherfreut und voll des Lobes, so dass wir zufrieden in Richtung Grün trotteten. Während ich den Ball markierte, holte Urs das Messband und begann abzumessen. „12 Zentimeter!", jubelte er, „damit bist du am nächsten."

Jimmy war nun mit Putten als Erster an der Reihe. Als er seine Linie zu lesen begann, bemerkte er, dass an mehreren Stellen das Gras aufgekratzt war. Offenbar war ein Spieler vor uns etwas unvorsichtig aufgetreten und hatte so etliche Spikespuren hinterlassen. „Das ist vielleicht lästig", lamentierte Jimmy, „es gibt Leute, denen muss man sogar das Gehen noch richtig beibringen." Es war tatsächlich ärgerlich. Da lag er nun so nah am Loch mit einer guten Chance zum Birdie, aber seine Puttlinie sah aus wie ein kleines Schlachtfeld. „Auf der *eigenen* Puttlinie darf man ja keine Spikemarken ausbessern, weil das gegen irgendeine Regel verstoßen würde, nicht wahr?", meldete sich mein Partner Urs zu Wort. „Ja", nickte ich, „Regel 16 verbietet das." Hilfsbereit, wie Urs nun mal ist, meinte er dann: „Wie wäre es aber, wenn *ich* die Spikespuren auf Jimmys Linie ausbessern würde, da das ja *nicht meine* Puttlinie ist?" „Bloß nicht", rief ich aus, „wenn du eine fremde Puttlinie verbesserst, wirst du ebenfalls bestraft – nach Regel 1. Und obendrein wird Jimmy noch dazu bestraft, wenn er das zulässt!"

Decision 13-2/36 Bewerber gestattet Ausbessern von Spikemarken auf seiner Puttlinie durch einen Mitbewerber

Frage: Verbessert ein Mitbewerber die Puttlinie des Bewerbers absichtlich durch das Ausbessern von Spikemarken, so zieht sich der Mitbewerber Strafe für Verstoß gegen Regel 1-2. zu. Zieht sich

der Bewerber ebenfalls Strafe zu, wenn er den Mitbewerber stillschweigend oder sonst wie gewähren lässt?
Antwort: Ja, und zwar nach Regel 13-2., da er seine Spiellinie hat verbessern lassen.

Es war zwar gut gemeint, aber Jimmy musste wohl oder übel über die Spikemarken putten. Wie wir es erwartet hatten, wurde der Ball abgelenkt und rollte knapp am Loch vorbei. Darüber regte sich Jimmy so sehr auf, dass er wutentbrannt den Ball vom Loch wegschlug – worauf dieser über das ganze Grün lief und im angrenzenden Fluss verschwand. Nun stand er auf dem Grün und hielt sich die Hand vor den Mund: „Was habe ich getan?" Derweil raufte sich sein Partner Freddy die Haare: „Es reicht wohl nicht, dass du danebenputtest", brüllte er seinen Partner an, „du spielst unseren Ball auch noch in ein Wasserhindernis – das gibt Strafe! Und zudem wärst nicht du sondern ich an der Reihe gewesen, das ist ein Verstoß gegen die Spielreihenfolge, das gibt gleich noch mal Strafe! Das gibt so viele Strafschläge, so weit kannst du gar nicht zählen!" Freddy hatte einen hochroten Kopf und sah aus, als ob er gleich explodieren würde. Zum Glück hatte ich etwas, um ihn zu beschwichtigen: „Nein, Moment, ganz so schlimm ist das alles nicht. Das Wegschlagen vom Loch zählt nicht als Schlag, da er es unwillentlich im Affekt getan hat. Deshalb ist es kein Schlag im Sinn der Golfregeln."

Decision 18-2a/23 Ball verärgert vom Lochrand weggeschlagen
Frage: Im Zählspiel bleibt der Ball eines Bewerbers ganz dicht am Lochrand liegen. Verärgert schlägt der Bewerber den Ball mit der Rückseite des Putters vom Grün. Wie ist die Regelentscheidung?
Antwort: Der Bewerber hat sich einen Strafschlag zugezogen (Regel 18-2.a.) und muss seinen Ball zurücklegen. Es kann nicht davon ausgegangen werden, dass der Bewerber einen Schlag gespielt hat.

Freddys Miene hellte sich wieder etwas auf: „Wenn das kein Schlag war, dann kann es auch kein Verstoß gegen die Spielreihenfolge gewesen sein... heißt das, wir müssen den Ball lediglich zurücklegen und erhalten einen Strafschlag, weil wir den ruhenden Ball bewegt haben?“ Ich nickte, doch nun schluckte er leer: „Aber der Ball ist im Fluss!?“ „Tja, dann müsst ihr halt einen neuen Ball nehmen und erhaltet zwei weitere Strafschläge, weil ihr euren Ball unerlaubterweise ausgewechselt habt.“

Decision 18-2a/13.5 Ball verärgert aufgenommen und in einen Teich geworfen
Frage: Ein Spieler spielte einen verunglückten Schlag und sein Ball kam im Gelände nahe eines Sees zur Ruhe. Verärgert nahm der Spieler seinen Ball auf und warf ihn in den See, von wo er nicht wiedererlangt werden konnte. Der Spieler legte einen anderen Ball an die Stelle, wo er den ursprünglichen Ball aufgenommen hatte, und lochte ein. Wie ist die Regelentscheidung?

Antwort: Obwohl die Anmerkung 1 zu Regel 18 besagt „ist ein Ball, der nach dieser Regel zurückgelegt werden muss, nicht sogleich wieder zu erlangen, so darf er durch einen anderen Ball ersetzt werden", war der Ball des Spielers letztlich nur auf Grund der Vorgehensweise des Spielers nach seinem Verstoß gegen Regel 18-2.a. unwiederbringlich verloren gegangen. Und somit ist diese Anmerkung nicht anwendbar.
[...]
Im Zählspiel zieht sich der Spieler drei Strafschläge zu – einen nach Regel 18-2.a. für das nicht wie nach einer Regel gestattete Aufnehmen seines Balls, und zwei nach Regel 15-1. für das unerlaubte Ersetzen des Balls.

Als er das vernommen hatte, blickte Freddy seinen Partner mit einer solchen Verachtung an, wie ich sie bisher nur aus Filmen gekannt hatte. Da würde wohl ein Buch als Entschuldigung nach der Runde nicht reichen, dachte ich mir. Am Ende des Lochs schrieben sie sich eine Sechs. Und das, nachdem der Ball gerade mal einen Meter vom Loch gelegen hatte.
Als Urs und ich an der Reihe waren, übergab ich meinem Partner den Ball, damit er die todsichere Birdiechance verwandeln konnte. Allerdings hatten die Vorkommnisse Urs aufgewühlt und er fragte mich reichlich verunsichert: „Musst du den Ball zurücklegen, weil du es ja warst, der ihn markiert und aufgenommen hat, oder spielt das keine Rolle?" „Das spielt hier keine Rolle", antwortete ich, „die Person, die den Ball aufgenommen hat, darf ihn zurücklegen,

aber der Spieler darf ihn genauso zurücklegen. Als Spieler darfst du deinen Ball in jedem Fall selbst zurücklegen."

Regel 20-3. Hinlegen und Zurücklegen

a. Von wem und wo

[...] Ist ein Ball zurückzulegen, so müssen ihn der Spieler, sein Partner oder die Person, die ihn aufgenommen oder bewegt hatte, an der Stelle hinlegen, an der er aufgenommen oder bewegt worden war [...]

Das Birdie war reine Formsache und wir machten uns guten Mutes auf den Weg zur 18. „Da du dich so gut mit den Regeln auskennst", meinte Urs plötzlich, „gebe ich dir hier noch eine kleine Knacknuss: Ich habe ja vorhin die Distanz für die Nearest-to-the-Pin-Wertung gemessen. Nun habe ich aber einmal gelernt, dass man im Golf keine ungebräuchlichen Hilfsmittel verwenden darf." Ich runzelte die Stirn, da ich nicht verstand, worauf er hinauswollte. Er fuhr fort: „Darunter fallen meines Wissens auch Geräte zur Bestimmung der Distanz vom Ball zum Loch, wie beispielsweise Ferngläser mit entsprechender Messvorrichtung. Wenn du mich fragst, ist ein Metermaß ebenfalls ein solches Messgerät." Ich schaute ihn mit so großen Augen an, dass er laut herauslachte: „War nur ein Scherz, vergiss es!" Ich fand es aber wert, seinen Scherz zu überprüfen und konsultierte nach der Runde mein Regelbuch.

Regel 14-3. Künstliche Hilfsmittel und ungebräuchliche Ausrüstung

[...]

Sofern nicht in den Regeln vorgesehen, darf der Spieler während einer festgesetzten Runde keinerlei künstliche Hilfsmittel oder ungebräuchliche Ausrüstung benutzen,

[...]

b. zum Abschätzen oder Messen von Entfernungen oder Umständen, die sein Spiel beeinflussen könnten [...]

Als ich mich dann später zu meinen Mitspielern an den Tisch setzte, verkündete ich: „Du hattest Recht, wir haben tatsächlich einen Regelverstoß begangen. Wir hätten die Distanz nicht vor dem Putten messen dürfen. Wir hätten die Lage des Balls markieren, dann einlochen und erst am Schluss messen müssen.“ Natürlich war keiner einverstanden, und sie taten meine Regelinterpretation als völlig hirnrissig und realitätsfremd ab. Kein Mensch sei jemals so vorgegangen und dann könne man ja gleich alle disqualifizieren, die sich auf einer Nearest-to-the-Pin-Tafel eintragen. Damit hatten sie allerdings Recht, doch der Wortlaut der Regeln war andererseits unmissverständlich. Bevor wir noch lange weiterdiskutierten, hielt ich den Zeitpunkt für gekommen, meinem Partner die ganze Wahrheit zu eröffnen: „Ich habe uns bereits nachträglich disqualifiziert!“

[...]
Strafe für Verstoß gegen Regel 14-3.: Disqualifikation

Ich möchte an dieser Stelle darauf verzichten, zu schildern, was danach geschah. Jedenfalls suche ich seither einen neuen Golfpartner.

Die Golf-Safari

„Elefanten am neunten Loch!" lautete der Werbeslogan des Reisebüros und pries damit einen zweiwöchigen Afrika-Urlaub an, welcher eine Kombination aus Golf und Safari beinhalten sollte: In der ersten Woche mit Schwergewicht auf Golf, während in der zweiten Hälfte eher wilde Tiere die Hauptrolle spielen sollten. Ich war begeistert und buchte sogleich.
Ich traf dann allerdings keine Elefanten am neunten Loch. Nur zwei Affen. Die begleiteten mich dafür während der ganzen Runde... aber alles der Reihe nach: Das Programm war so straff organisiert, dass man uns bereits am ersten Tag auf einen Golfplatz schleppte. Dieser, so wurde uns verkündet, sei für seine faszinierende Pflanzen- und Tierwelt bekannt. Faszinierend fand ich in erster Linie die Local Rule:

„Wenn der Ball in der Nähe eines gefährlichen Krokodils zur Ruhe kommt, darf er straflos gedroppt werden."

Dabei ging aus der englischen Fassung nicht einmal hervor, ob nun der Ball oder das Krokodil gedroppt werden sollte. Aber da es sich ja um ein gefährliches Exemplar handelte, ging ich getrost davon aus, dass der Ball gemeint war. Es stellte sich bloß die Frage, wo? Da die Local Rule dazu nichts verlauten ließ, schlug ich in meinem schlauen Buch nach und fand prompt eine Stelle, welche die Verantwortlichen höchstwahrscheinlich für ihre kühne Platzregel zum Anlass genommen hatten.

Decision 1-4/10 Gefährliche Situation; Klapperschlange oder Bienen behindern das Spiel

Frage: Der Ball eines Spielers kommt in einer Lage zur Ruhe, bei der für den Spieler eine gefährliche Situation besteht, etwa neben einer lebenden Klapperschlange oder einem Bienennest. Hat der Spieler noch zusätzliche Wahlmöglichkeiten, außer denen, den Ball zu spielen wie er liegt oder nach Regel 26 oder 28, sofern anwendbar, zu verfahren?

Antwort: Ja. Es ist einem Spieler nicht zuzumuten, in einer derart gefährlichen Situation spielen zu müssen. Und es wäre auch nicht gerecht, wenn er Strafe nach Regel 26 (Wasserhindernisse) oder Regel 28 (Ball unspielbar) in Kauf nehmen müsste.

Nach Billigkeit (Regel 1-4.), hat der Spieler die zusätzliche Wahlmöglichkeit, einen Ball straflos an der nächstgelegenen ungefährlichen Stelle, nicht näher zum Loch, fallen zu lassen.

[...]

Doch nun zu der viel wichtigeren Frage: Gemäß Wortlaut der Platzregel durfte der Ball nur im Falle eines gefährlichen Krokodils gedroppt werden – wie aber unterscheidet man ein gefährliches von einem ungefährlichen Krokodil? Ich habe nämlich die Tendenz, alle Krokodile als grundsätzlich gefährlich zu

betrachten, was aber zugegeben möglicherweise damit zusammenhängt, dass ich ein besonders ängstlicher Tourist bin. Ich wandte mich schließlich ratsuchend an meinen Mitspieler. Doch der ging überhaupt nicht darauf ein und meinte nur trocken: „Ich habe keine Angst vor Krokodilen!“ Na gut.
Etwas hilfsbereiter war da mein zweiter Mitspieler, der mich sogleich aufklärte, dass es sich hierbei um ein offensichtliches Versehen handelte, denn das gefährlich beziehe sich nicht auf das Krokodil, sondern die Distanz, so dass es heißen sollte in „gefährlicher Nähe eines Krokodils“ anstatt in der „Nähe eines gefährlichen Krokodils“. Er wisse das, weil er einst auf einem nahe gelegenen Platz gespielt habe, wo es die folgende, ähnlich lautende Local Rule gäbe:

„Wenn der Ball innerhalb einer Schlägerlänge von einer Klapperschlange landet, darf er aufgenommen und straflos gedroppt werden.“

Jetzt, wo er das sagte, fand ich seine Argumentation tatsächlich einleuchtend, wenngleich die Sache mit dem Aufnehmen und Droppen so unmittelbar neben der Schlange wieder neue Fragen aufwarf – aber sei's drum, ich konnte mir die Antwort unseres dritten Spielers schon denken: Ich habe keine Angst vor Klapperschlangen!

Unser Mitspieler, der keine Angst vor gar nichts hatte, hieß übrigens Hans und war Holländer. Wie sich herausstellte, war er ehemaliger Rallyefahrer. Das erklärte auch, weshalb er sich abseits der Fairways so wohl fühlte. In der Tat wurde er immer ganz unruhig, wenn sein Drive für einmal auf dem Fairway landete – ich glaube, er legte sich selbst zu viel Druck auf, wenn die Chance bestand, ein Par zu spielen. Hingegen blieb er ganz gelassen, wenn sein Ball im Rough verschwand: Aus diesen Lagen hatte er offensichtlich am meisten Erfahrung... das Einzige, was mir dabei zu schaffen machte, war, dass ich ihm ständig suchen helfen musste.
Da lobte ich mir meinen anderen Mitspieler, den ich allerdings nicht sehr oft zu Gesicht bekam, weil er die meiste Zeit hinter irgendwelchen Büschen verbrachte. Das hing weniger mit seinem Spiel zusammen, als vielmehr damit, dass gewisse Fälle in Afrika einfach häufiger auftreten. Er nannte es eleganterweise „reisebedingte Magenbeschwerden". Jedenfalls machte es ihm ganz schön zu schaffen, und nach neun Löchern verbrachte er so lange Zeit im Clubhaus, dass wir zwei Flights durchspielen lassen mussten. Ich fragte mich allmählich, ob das nicht unerlaubte Spielunterbrechung war und im Falle eines Turniers sogar Strafe nach sich ziehen müsste. Doch die Regeln hatten für arme Kerle wie ihn vorgesorgt.

Regel 6-8. Spielunterbrechung [...]

a. Erlaubt

Der Spieler darf das Spiel nicht unterbrechen, es sei denn:

[...]

(IV) aus anderem triftigen Grund wie plötzliches Unwohlsein.

[...]

Unterbricht der Spieler das Spiel ohne ausdrückliche Genehmigung der Spielleitung, so muss er dies der Spielleitung so bald wie durchführbar melden [...]

Am zwölften Loch trafen wir auf eine weitere Ausdrucksform der faszinierenden Tierwelt. Mein Ball lag im Bunker in fürchterlichen Überwerfungen, wie ich sie noch nie zuvor gesehen hatte. Es sah geradezu so aus, als habe eine Herde Elefantenkühe im Bunker ein Tänzchen veranstaltet. Gleichwohl ergab mein fragender Blick zum Caddie aber ein kurzes: „Kamel!“, worauf Hans großzügigerweise meinte, ich solle doch einfach droppen, nicht gerade auf dem Grün, aber halt in der Nähe – straflos versteht sich. „Wenn das wirklich Kamele waren,“ entgegnete ich, „dann kriege ich keinen straffreien Drop. Straflose Erleichterung gibt es nur bei Spuren von Erdgänge grabenden Tieren, Reptilien und Vögeln.“ Das wollte Hans nicht gelten lassen und konterte: „Na also, Kamele sind doch Erdgänge grabende Tiere, das ist offensichtlich – im vorliegenden Fall haben sie ja auch Erdgänge gegraben." Ich musste diese Logik leider widerlegen.

Erklärung „Ungewöhnlich beschaffener Boden"

Ungewöhnlich beschaffener Boden bezeichnet folgende Umstände auf dem Platz: Zeitweiliges Wasser, Boden in Ausbesserung oder Loch, Aufgeworfenes oder Laufweg eines Erdgänge grabenden Tiers, eines Reptils oder eines Vogels.
Ein Erdgänge grabendes Tier ist ein Tier, das einen Bau als Unterkunft oder zu seinem Schutz anlegt, z.B. ein Kaninchen, Maulwurf, Murmeltier, Erdhörnchen oder Salamander.

Es schien ihm einzuleuchten, aber dann konterte er mit einer anderen Argumentation: „In jedem anderen Golfclub würden die Bunker täglich gesäubert und gerecht. Dass die Bunker hier so verwahrlost sind, dafür kannst du ja nichts. Von daher würde ich sagen, du darfst den Ball aufnehmen und rechen und dann deinen Ball an dieselbe Stelle wieder hinlegen." Jetzt erst bemerkte ich, dass Hans' Ball in ganz ähnlicher Weise in einem Bunker weiter vorne lag. Kein Wunder also, dass er sich so energisch für mich einsetzte. Trotzdem blieb ich hart: „Es bleibt mir nichts anderes übrig, als meinen Ball für unspielbar zu erklären." Die Blicke, welche ich für diesen Ausspruch erntete, zeugten von größtem Mitleid. Offenbar hatten es meine Mitspieler noch nie erlebt, wie sich jemand selbst Strafschläge auferlegt, und dann noch in einer privaten Runde. Sie mussten mich für komplett verblödet halten. Bestenfalls dachten sie, ich hätte einen Sonnenstich. „Geht das überhaupt“, fragte Hans prompt, „ich meine, den Ball für unspielbar erklären im Bunker?“ „Natürlich“, beruhigte ich, „unspielbar erklären kann man eigentlich immer und überall, außer im Wasserhindernis.“

Regel 28. Ball unspielbar

Der Spieler darf seinen Ball überall auf dem Platz für unspielbar erklären, außer der Ball ist in einem Wasserhindernis. [...]

Hält der Spieler seinen Ball für unspielbar, so muss er unter Hinzurechnung einer Strafe von einem Schlag

a. einen Ball so nahe wie möglich der Stelle spielen, an der der ursprüngliche Ball zuletzt gespielt wurde (siehe Regel 20-5.); oder

b. einen Ball nicht näher zum Loch innerhalb zweier Schlägerlängen von der Stelle, an der er lag, fallen lassen; oder

c. einen Ball in beliebiger Entfernung hinter dem Punkt, wo der Ball lag, fallen lassen, wobei dieser Punkt auf gerader Linie zwischen dem Loch und der Stelle liegen muss, an der der Ball fallen gelassen wird.

Ist der unspielbare Ball in einem Bunker, so darf der Spieler nach a., b. oder c. dieser Regel verfahren. Verfährt er nach b. oder c., so muss ein Ball in dem Bunker fallen gelassen werden. Der nach dieser Regel aufgenommene Ball darf gereinigt werden.

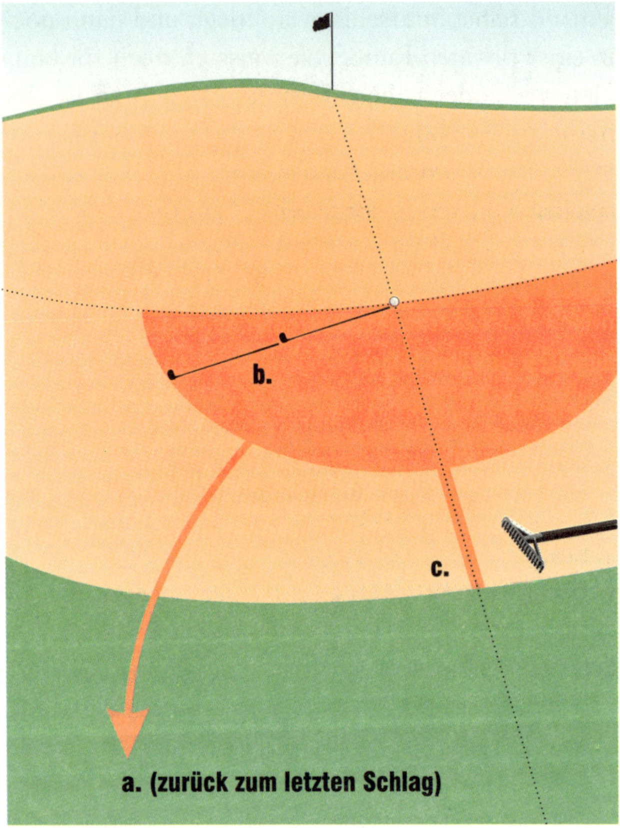

Auch im Bunker hat man drei Möglichkeiten zum Droppen – jeweils verbunden mit 1 Strafschlag –, wenn man seinen Ball für unspielbar erklärt. Allerdings muss man in zwei von drei Fällen *innerhalb* des Bunkers droppen.

Hans schaute mir zu, wie ich meinen Ball droppte – mit äußerst missmutiger Miene, weil ihm ja dasselbe Prozedere blühte. Schließlich ließ er sich zu der Bemerkung hinreißen: „Du hast wohl das Gefühl, du spielst so gut, dass du es nicht einmal nötig hast zu schummeln, was?“ Was er damit genau meinte, weiß ich nicht.

Für sich selbst fand er es nicht nötig, den Ball für unspielbar zu erklären, sondern er versuchte tatsächlich, den Ball aus der hoffnungslosen Lage herauszuspielen. Er schlug so oft erfolglos in den Sand, dass er sich so tief eingrub, bis an ein Herauskommen schließlich nicht mehr zu denken war. Dann löffelte er den Ball mit einer gekonnten Bewegung aufs Grün und grinste mich an. Ich sagte nichts. Da wir kein Turnier spielten, sollte er doch machen, was er wollte. Aber laut Regeln war so ein Löffler natürlich nicht erlaubt.

Regel 14-1. Ehrlich nach dem Ball schlagen

Nach dem Ball muss ehrlich mit dem Schlägerkopf geschlagen und es darf nicht gestoßen, gekratzt oder gelöffelt werden.

[...]

Strafe für Verstoß gegen Regel 14-1. [...] Zählspiel – Zwei Schläge.

Die folgenden Löcher verbrachte ich mit Hans wieder in gewohnter Rallye-Manier im Rough, doch an der 16 schien er endlich einen Ausweg für seine Misere gefunden zu haben: Wenn wir seinen Ball nicht finden konnten, behauptete er fortan jeweils einfach, bestimmt habe ein Äffchen seinen Ball geklaut, weshalb er sich einen neuen Ball am Fairwayrand droppe – straffrei versteht sich. Das war natürlich frei erfunden und total gegen die Regeln, zumal weit und breit kein richtiger Affe zu sehen war. Aber ich sagte nichts mehr, da wir, wie erwähnt, kein Turnier spielten. So hatte wenigstens die ewige Sucherei ein Ende. Denn nach 16 Löchern mit Hans konnte ich den Unterschied zwischen Golf und Safari schon nicht mehr genau erkennen.

Von Kapitän zu Kapitän

Kürzlich war ich zu einem Turnier in einem auswärtigen Club eingeladen. Und weil ich zum ersten Mal da war, fand ich erst den Parkplatz nicht, dann die Gästegarderobe nicht und am Ende fand ich nicht einmal den ersten Abschlag. Also fragte ich den erstbesten Kerl, der mir über den Weg lief, und prompt stellte sich heraus, dass er Karl hieß und mein Flightpartner war.

Karl war riesig. Von seiner Statur her hätte ich eher darauf getippt, dass er unterwegs zur Bärenjagd war. Auch den Schläger hielt er wie eine Keule. Aber dann waren da wieder seine albern karierten Golfhosen, welche ihm noch dazu viel zu kurz waren, und damit zerschlugen sich diese Vermutungen sogleich. Er wirkte etwas unbeholfen, aber gemütlich, und ich mochte ihn auf Anhieb. Als ich ihn beiläufig fragte, ob er unseren dritten Mitspieler kenne, zuckte er allerdings zusammen. Er blickte sich erst um, als ob uns niemand hören dürfte, und zog mich dann zu sich heran. Unser dritter Mann sei der Captain des Clubs, flüsterte er mir bedeutungsvoll zu. Wahnsinnig kompetent sei der. Und dann fügte er hinzu, dass die Golfregeln eben unheimlich kompliziert scien. Aber der Captain kenne sie alle auswendig und wenn ich unsicher sei, solle ich ihn besser fragen. Ich nickte. Es war gut gemeint.

Dann tauchte er auf. „Lupfig", stellte er sich vor, „Captain Lupfig." Dabei betonte er das „Captain" derart, dass ich sah, wie es Karl richtiggehend erschauern ließ. Aber wir dürften ihn trotzdem Ernst nennen, meinte er großzügig. Ich beschloß ihn „Käpten“ zu rufen.

Käpten Ernst hatte natürlich die Ehre. Er nutzte sie, um seinen Ball vom erhöht angelegten Abschlag gerade mal einige Meter weit hinunter ins hüfthohe Gras zu befördern. Nun stand er da und blickte konsterniert in die Wiese. „Bitte erlaubt mir, dass ich schnell zu meinem Ball gehe, so lange ich noch weiß wo er liegt“, murmelte er, „ich habe nämlich genau gesehen, bei welchem Grashalm er gelandet ist. Ich lasse euch nachher gleich abschlagen.“ Karl und ich waren ein wenig überrascht, aber wir drückten ein Auge zu. Dafür begleiteten wir ihn nicht beim Suchen. Erstens hielt ich es sowieso für aussichtslos, und zweitens habe ich Heuschnupfen und suche schon deshalb nicht in hüfthohen Wiesen. Karl nutzte die Pause, um mich derweil in Naturkunde zu unterrichten: Das sei ein Problem auf diesem Platz. Die vielen Magerwiesen – so hießen die nämlich, ließ er mich wissen. Von denen hätten sie reichlich, weil es eine Auflage der Naturschützer gewesen sei, als der Platz gebaut wurde: Soundso viel Prozent des Golfplatzes müssten aus Magerwiesen bestehen. Das Pikante daran sei, dass diese Wiesen jeweils bis zum 15. Juni nicht gemäht werden dürften. Dies erschwere das Spiel ungemein und es gäbe

Spieler im Club, die vor jenem Termin prinzipiell keine Turniere bestreiten würden. Nun schaute ich mich um und erkannte, dass tatsächlich hohe Wiesen die Landschaft prägten. Schon der erste Abschlag war umgeben von einer solchen Wiese. Nur ein schmaler Weg war gemäht worden, damit man den Abschlag überhaupt erreichen konnte. Während ich noch so umherschaute, rief der Käpten plötzlich: „Ich hab' ihn." Er stand bis zu den Hüften im Gras und starrte angestrengt in die Magerwiese. Irgendwo da unten zwischen seltenen Kleintierarten und farbenprächtigen Blumen musste sein Ball liegen. Dann schlug er zu, und sein Ball flog tatsächlich einige Meter, um allerdings erneut im hohen Gras zu verschwinden. Der Käpten hielt nun seinen Schläger wie eine Hellebarde in der Luft und watete weiter durchs hohe Gras. Derweil geduldeten sich Karl und ich, bis wir endlich auch abschlagen dürften. Nach ein paar Minuten gab der Käpten auf und kam zum Abschlag zurück. „Ich hab ihn nicht mehr gefunden. Tut mir leid, dass ihr warten musstet. Ich schlag noch mal mit euch von hier hinten ab." „Warum von hier hinten", fragte ich erstaunt. „Weil der Ball unspielbar ist, und da kann ich wählen, ob ich zum Abschlag zurück gehen will."

Er hatte so viel durcheinander gebracht, dass ich gar nicht recht wusste, wo ich überhaupt anfangen sollte.

„Also grundsätzlich kann man eigentlich nur einen Ball für unspielbar erklären, den man vor sich hat. Aber du hast gesagt, dass du den Ball überhaupt nicht gefunden hast. Dann ist er einfach verloren und damit basta."

Decision 28/1 Wann ein Ball, der für unspielbar erklärt wurde, gefunden und identifiziert werden muss

Frage: [...] Darf ein Spieler einen Ball für unspielbar erklären, der noch gar nicht gefunden worden ist?

Antwort: Ja. Mit der Strafe von einem Schlag und Verlust der Distanz nach Regel 28.a. darf ein Spieler verfahren, auch wenn er seinen Ball nicht gefunden hat. [Anm. d. Autors: Das ist dasselbe Verfahren wie beim verlorenen Ball]

Da die Regeln 28.b. und c. jedoch ausdrücklich auf die Lage des Balls Bezug nehmen, muss der Spieler seinen Ball gefunden und identifiziert haben, um nach diesen Wahlmöglichkeiten verfahren zu können.

„Wie auch immer, unspielbar oder verloren spielt in diesem Fall gar keine Rolle", erwiderte er nun leicht gereizt, „ich kann trotzdem zurück zum Abschlag. Diese Möglichkeit mit 1 Strafschlag hat man immer."
„Jein", antwortete ich, „die Möglichkeit zurückzugehen zur *Stelle des letzten Schlags* hat man immer. Das ist aber nicht unbedingt dasselbe wie der letzte Abschlag!"

Regel 27-1. Ball verloren oder im Aus

Ist ein Ball verloren oder ist er im Aus, so muss der Spieler mit einem Strafschlag einen Ball so nahe wie möglich der Stelle spielen, wo der ursprüngliche Ball zuletzt gespielt wurde [...]

Regel 28. Ball unspielbar

[...] Hält der Spieler seinen Ball für unspielbar, so muss er unter Hinzurechnung einer Strafe von einem Schlag

a. einen Ball so nahe wie möglich der Stelle spielen, an der der ursprüngliche Ball zuletzt gespielt wurde [...]

„Und weil du deinen letzten Schlag da unten in der Magerwiese gemacht hast...“ „Was für eine Wiese?“, unterbrach er mich ungläubig. „Magerwiese“, erklärte ich mit aller Selbstverständlichkeit, „das ist eine Magerwiese...“, doch bevor ich meine neuen naturkundlichen Erkenntnisse vortragen konnte, winkte er ab: „Ist ja auch egal, wie die blöde Wiese heißt.“ Also fuhr ich mit den Regeln fort: „Da unten ist die Stelle deines letzten Schlags und du darfst dort droppen mit 1 Strafschlag.“ Er überlegte.

„Du hast Recht“, meinte er schließlich, „du hast absolut Recht. Ich hätte den Ball sogleich für unspielbar erklären sollen. Dann wäre die Stelle des letzten Schlags nicht im hohen Gras, wo jegliches Droppen aussichtslos ist.“ Ich zuckte mit den Schultern. „Eine andere Möglichkeit zum Fallenlassen gibt es leider nicht. Aber du kannst ja den Ball mit 1 Strafschlag im hohen Gras droppen und ihn anschließend mit 1 weiteren Strafschlag für unspielbar erklären." Nun hellte sich seine Miene wieder auf. „Ja genau!", rief er begeistert, „und dann kann ich noch einmal zurück zur Stelle des letzten Schlags und komme doch noch zum Abschlag zurück." „Nein", musste ich ihn ernüchtern, „diese Möglichkeit besteht nicht. Auch wenn du erneut unspielbar erklärst, ist und bleibt die Stelle des letzten Schlags dieselbe. Der Abschlag wäre die Stelle deines vorletzten Schlags. Du kannst höchstens innerhalb zweier Schlägerlängen droppen oder auf der Verlängerung zurück."

Decision 28/5 Zurückgehen gemäß der „Unspielbarkeits-Regel"

Frage: Ein Spieler spielt einen Schlag von Punkt A zu Punkt B. Punkt B liegt in einem Bereich, in dem es sehr schwierig ist, den Ball zu spielen. [...] Der Spieler spielt nun doch einen Schlag an Punkt B, bewegt den Ball aber nur etwa 1 m zu Punkt C, wo er ganz und gar unspielbar liegt. Darf der Spieler nach Regel 28.a.:

(a) den Ball an Punkt C für unspielbar erklären und einen Ball mit einem Strafschlag an Punkt B fallen lassen, und dann

(b) den Ball an Punkt B für unspielbar erklären und einen Ball mit einem weiteren Strafschlag an Punkt A fallen lassen?

Antwort: Nein. Nach Regel 28.a. ist der Spieler nur berechtigt, einen Ball an der Stelle fallen zu lassen, von der er seinen letzten Schlag gespielt hat (Punkt B).

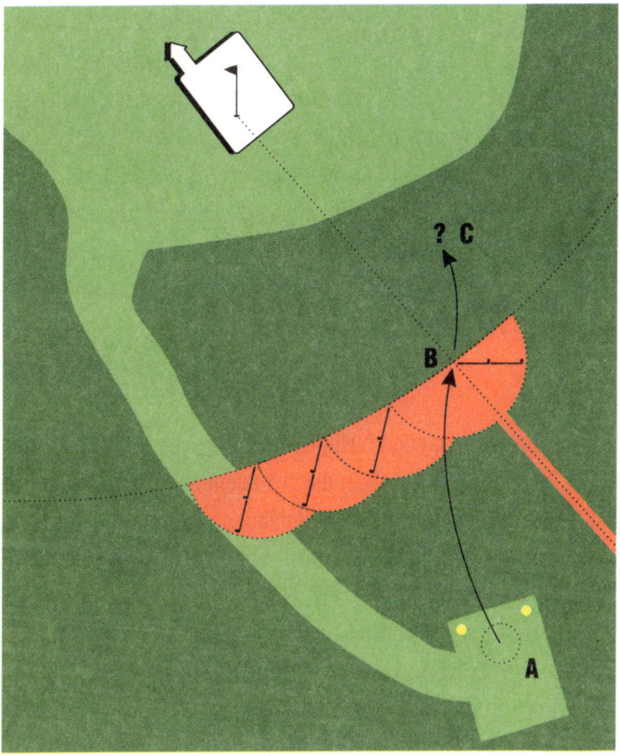

Geht ein Ball bei Punkt C verloren, so muss der Spieler mit 1 Strafschlag an Punkt B – der Stelle seines letzten Schlags – droppen. Liegt diese Stelle in einem schwer spielbaren Bereich, so kann der Spieler mit 1 weiteren Strafschlag den Ball für unspielbar erklären. Nun kann er jedoch nur innerhalb von zwei Schlägerlängen oder auf der Verlängerung zurück droppen – zurück zum Abschlag kann er nicht, da dies die Stelle seines *vorletzten* Schlags wäre.

Er schien ziemlich verwirrt, so dass ich es für vertretbar hielt, ihn restlos zu desillusionieren: „Weil der Abschlag hier so ungünstig angelegt ist, dass du in der Verlängerung nicht zurück kannst, bleibt nur noch die Variante 28.b. mit den zwei Schlägerlängen. Aber um in eine einigermaßen spielbare Lage zu kommen, müsstest du dieses Verfahren so oft hintereinander anwenden, dass du das Loch lieber gleich streichst – ist ja Stableford."

[...]
Unter diesen Umständen bleibt dem Spieler nur die Möglichkeit, Regel 28.b. so oft wie notwendig anzuwenden [...], wobei er den Ball jedes Mal innerhalb zweier Schlägerlängen so oft seitwärts fallen lässt, bis er in einer spielbaren Lage zur Ruhe gekommen ist.

Er konnte es nicht fassen. Das erste Loch schon am Abschlag streichen? Das war ihm noch nie passiert. Es blieb keine andere Möglichkeit.
Nun konnten Karl und ich endlich doch noch abschlagen. Als wir losmarschierten, und sich Käpten Ernst wieder einigermaßen gefasst hatte, kam er zu mir: „Du weißt aber gut Bescheid – sehr beeindruckend, wirklich!" Dann blieb er plötzlich wie angewurzelt stehen und hielt seinen Zeigefinger auf mich gerichtet. „Bist du etwa auch ein Captain?" Bevor ich verneinen konnte, rief er bereits freudig aus:

„Natürlich! Dass ich nicht gleich darauf gekommen bin. Du bist ein Captain – kann gar nicht anders sein. Warum hast du das nicht gleich gesagt?“ Er klopfte mir kollegial auf die Schulter und strahlte derart, dass ich es gar nicht übers Herz brachte, ihm zu sagen, dass ich weder Captain war noch vor hatte, so ein Amt demnächst zu übernehmen. Er murmelte nur immer wieder: „Ein Captain, ein Captain“, und lachte dabei. Seinen miserablen Anfang schien er darüber glattweg vergessen zu haben. Ich beschloss deshalb, es mit dem vermeintlichen Captain auf sich beruhen zu lassen.
Das zweite Loch durfte Käpten Ernst wieder mitspielen. Allerdings verzog er seinen Abschlag diesmal hinter einen Baum. Und als er seinen zweiten Schlag machte, traf er prompt den Stamm, woraufhin der Ball abprallte und über unsere Köpfe hinweg hinter uns in einer der berühmten Magerwiesen landete. Nun blickte mich Ernst mit großen Augen an: „Jetzt könnte ich doch wieder 1 Strafschlag in Kauf nehmen und gemäß Regel 27 oder 28 nochmals von hier – der Stelle des letzten Schlags – spielen.“ Ich nickte. „Aber das wäre ja dann näher beim Loch“, setzte er nun oben drauf, „das ist doch bestimmt nicht zulässig.“ Das Argument hatte tatsächlich etwas für sich. Ich hatte keine Ahnung. Wir mussten es nachlesen.

Decision 28/8 Ball für unspielbar erklärt; Stelle, wo der vorige Schlag gespielt wurde, ist näher zum Loch

Frage: Der Ball eines Spielers trifft auf einem Felsen auf und springt weiter vom Loch weg als die Stelle, wo der Ball gespielt worden war. Der Spieler erklärt seinen Ball für unspielbar. Darf er unter diesen Umständen die Wahlmöglichkeit „Strafe von einem Schlag und Verlust der Distanz“ nach Regel 28 in Anspruch nehmen?
Antwort: Ja.

Käpten Ernst war begeistert: „Das ist bestimmt der einzige Fall, in dem ein Ball nach Anwendung eines Erleichterungsverfahrens näher beim Loch gedroppt werden darf. Was meinst du?“ Ich nickte. „Siehst du, schon wieder etwas gelernt“, jauchzte er. Ich fürchtete, dass er nun an jedem Loch so einen komplizierten Regelfall produzieren würde. Doch dem war nicht so. Ab dem dritten Loch spielte er seine Bälle gerade. Was ihn allerdings nicht davon abhielt, haarsträubende Regeldiskussionen anzuzetteln – was wäre, wenn der Ball, und gesetzt den Fall...
Nach der Runde wusste ich nicht mehr, wo mir der Kopf stand. Doch Käpten Ernst war noch lange nicht müde. Er zerrte mich in Richtung Clubhaus und sagte, dass er mich unbedingt dem Senioren-Captain vorstellen müsse, der sei auch so ein Regelfanatiker. Allmählich wurde es mir etwas unangenehm mit dem vermeintlichen Captain. Doch um abzustreiten war es längst zu spät. Ich tröstete mich deshalb damit,

dass es nicht ganz gelogen ist. Denn manchmal bin ich freilich schon ein Captain: Wenn ich mit dem Boot zum Fischen hinausfahre – wo mir kein Mensch auch nur eine Regelfrage stellen kann.

Regelregister

Der erste Band:

„Soll ich droppen oder was...?“

Amüsante Geschichten zu den Golfregeln

Was ist zu tun, wenn  eine Ziege den Ball auffrisst?

Wie muss bei einem Ball im Kuhfladen vorgegangen werden, und weshalb sollten Ehepartner besser nicht Greensome miteinander spielen?

Wer  wann wo und wie geschummelt hat.

Antworten auf diese und viele andere brisante Fragen finden Sie in diesem höchst amüsanten Buch von Yves Cédric Ton-That. Hier werden die wichtigsten Regeln aufgegriffen und anhand von witzigen und einzigartig illustrierten Geschichten erläutert.

„Endlich ein Buch, das die Golfregeln auf unterhaltsame Weise vermittelt. In 14 amüsante Geschichten verpackt, werden hier die wichtigsten Regeln dargelegt. So machen die Golfregeln Spass.“ – Oskar Brunnthaler, **G.O.L.F.-Time**

„Wem nach dieser Lektüre die Golfregeln nicht klar sind, dem ist nicht zu helfen.“ – Erich Helmensdorfer, **Frankfurter Allgemeine Zeitung**

Zum Schmökern:

„GOLF ZITATE“

Die schönsten Zitate, Sprichwörter und Aphorismen rund um den Golfsport

„Ein guter Spruch ist die Wahrheit eines ganzen Buches in einem einzigen Satz“, sagte einst Theodor Fontane. Dies bestätigt sich einmal mehr im Buch „GOLF ZITATE“, denn die hier zusammengetragenen Aussprüche vermitteln so viel Wissen über Schwung & Technik, mentale Einstellung und viele andere Aspekte des Golfspiels, wie man es sich nur durch die Lektüre zahlreicher Bücher aneignen könnte. 600 Aussprüche von Golflegenden wie Bobby Jones, Ben Hogan, Arnold Palmer, Severiano Ballesteros, Tiger Woods u.v.a. machen dieses Buch zu einem höchst aufschlußreichen und zugleich amüsanten Lesevergnügen. Liebevoll zusammengestellt und illustriert lässt dieses Buch das Herz eines jeden Golfers höher schlagen.

„Ich verbringe so viel Zeit im Wald, dass ich schon sagen kann, welche Pflanzen essbar sind.“ – Lee Trevino

„Manch ein Golfer steht zu nah am Ball – auch nachdem er geschlagen hat.“ – Sam Snead

„Bei einem Schlag muss das Timing perfekt stimmen – bei einem Schwung stimmt es von selbst.“ – Grantland Rice

„Weshalb ich mit einem neuen Putter spiele? Weil der alte nicht so gut schwimmen konnte.“ – Craig Stadler

„Erhoffe dir das Beste, rechne mit dem Schlimmsten – und nimm's, wie's kommt!“ – Gene Sarazen

Herausgeber: Yves Cédric Ton-That
Illustrationen: Roland Hausheer & Yves Cédric Ton-That

Yves Cédric Ton-That
GOLF
ZITATE
Die schönsten Zitate, Sprichwörter und
Aphorismen rund um den Golfsport